優渥叢書

精準溝通

哈佛高材生必讀的4堂人際成功學！

譚春虹◎著

目錄

Contents

02
開口溝通前，你瞭解對方情緒了嗎？

03 天天練習精準溝通，發揮你的強大影響力 115

Contents

前言

成功不僅取決於謀略才智，更要有自我管理和調節人際關係的能力！

那天，我駕車經過蒙巴爾大橋時，親眼看到了慘烈的一幕：一位年約三十歲的男子快速越過橋上的護欄，縱身躍入距橋三十五公尺高的蒙巴爾河。

這當然不是明尼蘇達州體育局常規的跳水訓練。當天晚上的電視新聞節目，第二天的大小報紙，到處都是對該事件連篇累牘的報導。

據報導，該男子名叫伊頓，是一名博士，三年前從著名的史丹佛大學畢業，一直在一家不知名的企業工作。在三年多的時間裡，老闆和所有的同事竟然對他沒有太多的印象，只知道他孤僻、冷漠，除了工作，從不與人來往。而且，他的職位也很普通：一位普通的管理人員。

媒體不厭其煩地走訪伊頓的母校，令大家難以置信的是，伊頓在校時表現十分優異，而且與導師同是數項重要研究成果的擁有者。

類似的事件在美國已發生多起，許多人為此產生這樣的疑問：這些優秀的學生在走入社會後，怎麼會做出如此輕率的舉動呢？他們理應成為成功者，但他們非但沒有，反而虛擲自己年輕寶貴的生命。

我沒有這樣的感慨，因為我是一個心理學家，也是情感矯正與培訓學校的校長，每天都和這樣的人接觸，我理解他們。

到學校接受培訓的成年學員，常常會向我提出一些久久困擾著他們心靈的問題：

◇我在校時成績那樣優秀，現在卻找不到一份好工作。你能告訴我，決定我事業成敗的關鍵因素是什麼？

◇我只想過平靜幸福的生活，卻總是陷入痛苦和憂思中，我該怎麼辦？

◇我的第四任妻子仍不能帶給我美滿的婚姻生活，我還要結第五次婚嗎？

這樣的問題實在是太多了，僅僅根據在大學學習過的課程，顯然無法得出比較準確的答案。其實，這些問題幾乎都與潛伏於我們心靈的某個因素有關，那就是情商（EQ）。

優異的學業成績，並不代表你在生活和事業中也能獲得成功。成功不僅取決於你的謀略才智，在很大程度上，還取決於正確處理個人情感及與他人關係的能力，也就是自我管理和調節人際關係的能力。

EQ的基本，就是對自己和他人情緒的評估能力。高EQ者之所以更受歡迎，在於他能準確地判斷自己和他人的情緒，在此基礎上見機行事，調整自己的言行；而低EQ者則因無法認知自己和他人的情緒，容易陷入心靈的困境中不能自拔，在現實生活中處處碰壁。

EQ讓你學會審視和瞭解自己，學會激勵自己，你將不再無助地聽任消極情緒的擺佈，能夠從容地面對憂慮、痛苦、憤怒和恐懼。

並且，你發現自己能輕而易舉地駕馭它們。

高EQ者不但容易創造良好的人際關係，且善於為自己營造良好的成才環境，因

此更容易在私人生活中獲得幸福，在職業生涯中取得成就。

人們常說，ＩＱ決定錄用，ＥＱ決定升遷。這一說法在某種程度上，反映企業組織中的人力資本管理事實。

ＥＱ影響業務員的成功、經理的業績，甚至影響科研開發人員的成果。許多成功的人士，例如政治家、軍事家、企業家等，都具有很高的ＥＱ，他們之所以能成功，是因為在最困難的時候，ＥＱ支撐他們渡過難關。

在前言中，我不想對ＥＱ這個複雜的理論長篇大論，我喜歡深入淺出。

我又想起那個將生命溺於蒙巴爾河的男子，直到最後，誰也沒有找出他的死因，雖然警方組織人員整整打撈了三天，但沒撈著他的屍體。我敢肯定，他一定是有著難以排解的痛苦，在走投無路之際，才絕望地縱身一躍！

我很遺憾他沒有上過我的培訓課，這將是我終生的遺憾。

安息吧，伊頓，蒙巴爾河會超度你那缺乏ＥＱ的靈魂。

NOTE

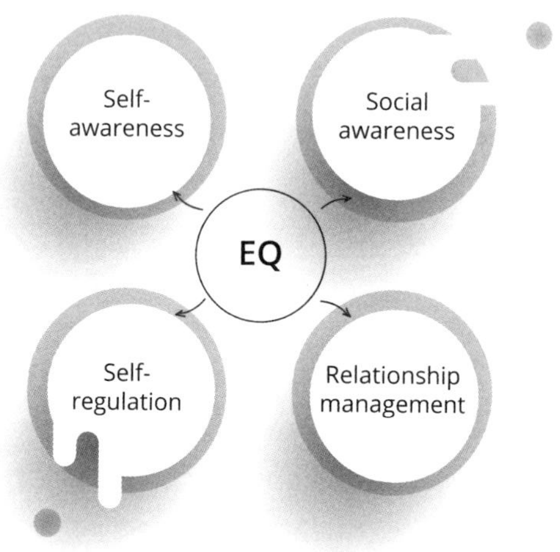
Self-
awareness
Social
awareness
EQ
Self-
regulation
Relationship
management

01

想掌握溝通訣竅，要先從與自我溝通開始！

善於瞭解自己情緒的人，大多善於將情緒調整到最佳狀態，
協調順應他人的情緒基調，並輕而易舉地納入自己的主航道。
如此一來，在往來和溝通中便能一帆風順。
認識並掌握自己的情緒，便能指導並主宰人生。

與人溝通時，你是否讓人覺得你「火氣很大」呢？

人在陷入某種情緒時往往並不自知，總是在事情發生後才會發現。

好鬥的武士向老禪師詢問天堂與地獄的含義。

老禪師說：「你性格乖戾，行為粗鄙，我沒有時間跟你這種人論道。」

武士惱羞成怒，拔劍大吼：「你竟敢對我這般無禮，看我一劍殺死你！」

禪師緩緩道：「這就是地獄。」

武士恍然大悟，心平氣和納劍入鞘，伏地拜謝，感謝禪師的指點。

禪師又言：「這就是天堂。」

武士的頓悟說明，**人在陷入某種情緒時往往並不自知，總是在事情發生後，經過有意識的反省才會察覺。**

古希臘德爾菲城的阿波羅神殿裡鐫刻著一句名言：認識你自己。這句名言提醒人們在情緒產生時，便要覺知它的存在，進而主動調控它。一般來說，人們能影響和改變他們瞭解的事物，當你想要積極改變自己時，首先必須有自知之明。

情緒也是如此。瞭解自己的情緒，就能充分合理地利用並駕馭情緒；相反地，若是做不到這點，則只能無助地聽任情緒擺佈，成為情緒的奴隸。

當你開始觀察自己內心的情緒體驗時，便能讓EQ產生積極作用。高EQ者往往能有效地察覺自己的情緒狀態，理解情緒傳達的意義，找出產生的原因，並對自我情緒進行必要和恰當的調節，始終保持良好的情緒狀態。

低EQ者則因不能及時認識到自我情緒產生的原因，自然無法有效地進行控制和調節，導致消極情緒如霧一樣瀰漫心境，久久不散。

大腦決定了你與人溝通的反應，因此該如何控制？

內在的警覺迫使我停車，多加小心，警惕步步逼近的危險，就像兔子嗅到狐狸身上的氣息時會立刻屏氣斂神，史前哺乳類動物一見到攫食的恐龍便四散逃逸一樣。

這座橋在我孩提時就有了。

某天下午，老師帶我們到橋上玩耍，我現在仍然記得，那天我和傑米因為爭論橋的建築年代而被老師表揚好學。

現在，我每天至少會經過這座橋兩次，當然，是駕車經過。一個秋日午後，我回家拿東西，在離橋還有六百公尺時，感覺橋似乎抖了一下。一種奇怪的感覺攫住了我，就在此時，我感到一陣不適，好像要嘔吐。

於是我把車停在路邊，搖開車窗呼吸新鮮空氣。突然，橋發出巨大的聲音，它斷了！接下來的事我難以描述，肯定是人類不多見的災難場面之一。

恐懼衍生的謹慎救了我一命。內在的警覺迫使我停車，多加小心，警惕步步逼近的危險，就像兔子嗅到狐狸身上的氣息時會立刻屏氣斂神，史前哺乳類動物一見到攫食的恐龍便四散逃匿一樣。

以上是美國《紐約時報》專欄作家丹尼爾．高曼在書中描述的文字，也就是他說的第六感。

第六感是人類進化過程中沉澱的一種直覺，綜合人類進化過程中不同場景下的情緒特徵。一旦場景有異，第六感馬上做出反應，即刻產生同類的情緒反應，例如焦躁、恐懼、憤怒、快樂等，迫使人們做出適當的反應和行動。

高曼認為，幾乎所有情緒都是隨進化而配置的程式，是驅動人們應付環境、即刻行動的衝動反應。

情緒（emotion）一詞的拉丁語詞根為「行動」（motere），加上字首「e」，表示「離開」，意味著採取行動逃離危險的內在動力。觀察動物或兒童，可以很明顯地看出情緒如何引發行動。

人類的每一種情緒反應都有其獨特功能，各有不同的生物特徵。以下就是高曼所列舉，促使生物做出不同反應的情緒生理機制。

◇憤怒時，血液湧向手部，便於抓住武器，打擊敵人。此時心率加快，腎上腺素等激素分泌猛增，注入血液，產生強大的能量，應付激烈的行動。

◇恐懼時，血液流向大骨骼肌（如大腿），以便奔跑。臉部則因缺血而變得慘白，同時會有血液流失的冰冷感覺。

此時可能有一瞬間軀體僵化，可解釋為爭取時間來衡量是否應該藏匿。大腦的情緒神經回路中樞激發大量激素，使軀體處於全面警戒狀態，一觸即發，密切注視逼近的威脅，隨時採取最佳的反應行動。

◇**快樂時，大腦中樞抑制消極情緒的部位將啟動，產生憂慮情緒的部位則沉寂，增加準備行動的能量。**除此之外，並無其他特殊的生理變化，有利於從消極情緒的生理激發狀態中迅速恢復。

這一機制不僅可讓生物以逸待勞，而且還有養精蓄銳的功用，有助於隨時迎接一切挑戰。

◇**愛、溫柔則啟動副交感神經系統，在生理反應上，剛好與恐懼和憤怒引發的逃跑或戰鬥反應相反。**副交感神經系統主要是放鬆反應，使生物處於平靜和滿足的狀態，樂於合作、配合。

◇**驚訝時，眉毛上揚，擴大視覺搜索範圍，**視網膜上接收到更多刺激，可獲取意外事件的更多資訊，有助於更準確地判斷事件性質及策劃最佳行動方案。

◇**厭惡時，上唇扭向一邊，鼻子微皺。**這種表情幾乎所有人都一樣，顯示出某種氣味令人噁心不適。這是為了關閉鼻孔，阻止吸入討厭的氣味，或欲張嘴嘔出有毒的食物。

◇**悲哀的主要功能是幫助調適嚴重的失落感，諸如最親近的人逝去或重大失敗**

等。悲哀減退生命的活力與熱情，使人對消遣娛樂全無興致，新陳代謝也隨著降低，持續下去可能引發抑鬱。但這種調節提供反省的機會：悲悼所失，同時領會生命的希望，重聚能量，重整旗鼓。

悲哀使能量暫時衰退，可把處於這種狀態的人留在家裡，因為此時他們較脆弱，易遭受傷害。其實這是一種安全保護機制。

所以，當你乍然產生以上所述的特別感受時，切記別輕易否定它，它或許就是你心情最精確的表現。

有時候，人們尚未知覺某事發生，已出現該種感受的生理反應。舉例來說，當怕蛇的人看到蛇的圖片時，皮膚的感受器可觀察到有汗水冒出，這是焦慮的徵兆，但當事者並不一定感覺害怕。假如圖片只是快速閃過，他甚至可能沒有意識到看見什麼，當然也不可能因此感到焦慮，但仍會有冒汗的現象。

當這種潛意識的情緒刺激持續增強時，最後終將突顯於意識層。可以說人們都有意識和無意識兩層情緒，情緒到達意識層時，表示在前額葉皮質留下記錄。在意識層之下，某些激昂沸騰的情緒會嚴重影響人的反應，雖然他對此可能茫然不覺。

譬如說，你早上出門時摔了一跤，到辦公室後許久仍因此煩躁不安，疑神疑鬼，亂發脾氣。但你對這種無意識層的情緒波動一無所察，受到提醒時還會感到驚訝。

一旦這種反應上升到意識層，便能重新評估所發生的事，決定是否拋開早上摔跤帶來的不愉快，換上輕鬆的心情。

從這種意義上來看，人們可以在情緒的自我意識基礎上，建立起走出不良情緒的能力。

站在旁觀角度體察情緒，便能像照鏡般察覺自己的優缺點

高EQ者是自我覺知型的人，他們瞭解自己的情緒，能對情緒狀態進行認知、體察和監控，且具備自我意識，能在情緒紛擾中保持中立自省。

有個小男孩，見到一棵自認為不同凡響的大樹就圍著轉，這邊看看，那邊瞧瞧，父母以為他在玩耍，卻聽他嘴裡嘀咕著：「像天鵝！」、「像扇子！」、「哦，又變了，像鹿角！」

後來，這孩子成為出色的盆景園藝師。

潛在的自我總會以某種方式呈現出來。發現潛在的自我，便能發現自己內在情緒

的變化。認識、掌握自己的情緒，便能指導並主宰自己的人生。然而，體察自我需要莫大的勇氣。

在生活中，有的人樂觀向上，有的人卻悲觀絕望，究其原因，是他們觀察和處理自己情緒的方式不同。根據這一點，心理學家約翰．梅耶將其分成幾種類型。

◇**自我覺知型**：情緒出現時能自行覺察，這種人情緒複雜豐富，心理健康，人生觀積極向上。情緒低落時絕不輾轉反側，沉溺其中。他們能有效地管理自己的情緒。

◇**難以自拔型**：這種人捲入情緒低潮時將無力自拔，聽憑情緒的主宰。情緒多變，反覆無常而不自知，常常處於情緒失控狀態，精神極易崩潰。

◇**逆來順受型**：瞭解自己的感受，接受認可自己的情緒，不打算改變。這類人也被稱為認可型。

認可型又分為兩種。一種是樂天知命型，心情經常處在愉悅狀態，自然不願也沒必要去改變；另一種是悲觀絕望型，雖然認識到自己處於不良的情緒狀態，但採取不抵抗主義，抑鬱症患者就屬於這種類型，他們面對絕望痛苦選擇束手待斃。

高EQ者是自我覺知型的人，他們瞭解自己的情緒，能認知、體察和監控自己的情緒狀態。他們具備自我意識，注意力不因外界或自身情緒的干擾而迷失，或產生過度反應，因此能在情緒紛擾中保持中立自省。

能認知自己心緒不佳的人多半有意擺脫，但不一定能克制衝動。例如，和別人發生衝突，內心十分惱火，此時儘管一再克制出手打人的過激行動，卻不能澆滅心中的怒火，並且專注於憤怒的情緒。

這時，如果你能清楚地察覺到「我現在的感受是憤怒」，便擁有較大的轉變空間，可以選擇發洩，或是決定退一步。對EQ高的人來說，後者是他們明智的選擇。

著名作家威廉．史泰隆在自述嚴重抑鬱的心境時，也有十分生動的描述：「我感覺似乎有另一個自我在身邊，那是一個如幽魂般的旁觀者，心智清明如常，無動於衷，帶著一絲好奇，旁觀我的痛苦掙扎。」

有些人在自我體察時，的確對激昂或困擾的情緒瞭然於胸，從自身的體驗向旁邁開一步，彷彿另一個自我在半空中冷靜旁觀。

「我在憤怒前不能自已！」有人這樣描述自己激昂的情緒。

在此場景中有兩個「我」，一個是身臨其境怒火中燒的我，一個則是旁觀的我。旁觀的我以局外人的身份觀察自己，評判自己的情緒。這時候兩者之間存在某種程度的距離，以鳥瞰的方式來打量自己。

與身處其中的我保持一定的距離，能夠更清楚地瞭解潛在的我，瞭解自己真實的情緒。

一般來說，高EQ者都是透過兩種途徑瞭解自己。

一是透過別人的評價來認識自己。他人評價比主觀認識更具有客觀性，如果自我評價與周圍人的評價相差不大，代表自我認識能力較高，反之，則是在自我認知上有偏差，需要調整。

然而，對待別人的評價，也要有認知上的完整性，不可只因自己的心理需求，而一味關注某一方面的評價。應全面聽取、綜合分析，恰如其分地對自己進行評價和調節。

二是透過生活閱歷瞭解自己。大多數人透過別人的看法來觀察自己，為獲得別人的良好評價而苦心迎合。但是，僅憑別人的一面之詞，把對自己的認識建立在別人身上，將面臨嚴重束縛自己的危險。人生的棋局該由自己來擺，不要從別人身上找尋自己，應該經常自省並塑造自我。

成功和挫折最能反映個人的性格情緒，因此可以透過自身成功或失敗的經驗教訓，來發現情緒特點，掌握情緒走向，在反省中重新認識自我。

自省不僅是為了改進缺點，更重要的是發掘自我潛能！

認識自我，你就是一座金礦，在自己的人生中展現出應有的風采。認識自我，也就成功了一半。

自省是自我動機與行為的審視與反思，用以清理和克服自身缺陷，以達到心理上的健康完善。它是自我淨化心靈的手段，EQ高的人善於透過自省來瞭解自我。

自省是現實的，是積極有為的心理，是人格上的自我認知、調節和完善。自省與自滿、自傲、自負相對立，也與自悔、自卑這種消極病態的心理有根本上的差異。

從心理上看，自省尋求的是健康積極的情感、堅強的意志和成熟的個性，目的是排除自卑、自滿、自私和自棄，以及憤怒等消極情緒，增強自尊、自信、自主和自強，培養良好的心理素質。

自省者審視自我，使個性心理健康完善，擺脫庸俗興趣，克服病態畸形，淨化心靈。心志堅強者在自省中認識自我、超越自我。自省是促進塑造良好心理素質的內在動力。

自我省察對每個人來說都相當嚴峻。要做到真正認識自己，並能給予客觀而中肯的評價，往往比正確地認識和評價別人更為困難。能夠自省自察，便是大智大勇之人。

哲學家亞里斯多德認為，對自己的瞭解不僅是最困難的事，也是最殘酷的事。心平氣和地對他人、對外界事物進行客觀的分析評判，這不難做到。但拿這把手術刀伸向自己時，就未必能做到心平氣和、不偏不倚。

然而，自我省察是自我超越的基本前提。要超越現實的自我，首先必須誠實地面對自己，正確地認識自身的優缺點。

在人生道路上，成功者無不經歷過幾番蛻變。蛻變的過程，就是提高自我意識、自我覺醒與完善的過程。人的成長就是不斷地蛻變，不斷地進行自我認識和改造。對自己認識得越準確、深刻，取得成功的可能性就越大。

在每個人的精神世界裡，都存在著矛盾的兩面：善與惡，好與壞，創造性和破壞欲。在形塑人格的過程中，除了外因的作用，個人對自己的反思與自省的作用也不能低估。

任何只停留在外表的修飾美化，像是改變妝容、衣著等，都無法使人真正得到成長。要徹底改變舊我、成長為真正的人，必須用堅強的心靈支撐自己去經歷更高層次的蛻變。

真正成熟的人，應該在充分認識客觀世界的同時，也能看透自己。

生活周遭總有些人，身上有些令人厭惡的缺點：愛挑剔、喜爭執，或小心眼、好嫉妒，或懦弱猥瑣，或浮躁粗暴……，這些缺點不但影響他們的事業，還使他們不受歡迎，無法與人建立良好的人際關係。

這些人或許心地並不壞，身上的缺點也未必有損道德，只是他們缺乏自省意識，總是無視自身的缺點。朋友的疏遠、事業的失利，原本都可視為對自身缺點的提醒，卻都被他們粗心地忽略，因而妨礙自身的成長。

用坦誠的目光審視自己通常很痛苦，因此相當難能可貴。人有時腦中會浮現一些不光彩的想法，但這並不要緊，人不可能各方面都很完美、毫無缺點，最重要的是能自我省察。

對自身的審視需要很大的勇氣，因為在觸及自己某些弱點或自卑意識時，往往令人非常難堪、痛苦。不論是對自己、對自己的偏愛物或過往經歷，都是如此。

但是，無論是痛苦還是難堪，你都必須正視它。不要害怕對自己進行深入的解剖，不要害怕發掘自己內心不那麼光明，甚至陰暗的一面。

勇士稱號不僅屬於手執長矛、面對困難所向無敵的人，也屬於敢用鋒利的解剖刀解剖自己、改造自己，使自己得到昇華和超越的人。

當然，自我省察不僅是勇於正視自己的缺點，還包括重新發現自己的優點和潛能。每個人都有巨大的潛能以及獨特的個性和長處，因此每個人都可以透過自省發揚優點，透過努力不懈爭取成功。

認識自我，是每個人自信的基礎與依據。即使你處境不利、遇事不順，但只要你的潛能和獨特個性依然存在，便可以堅信自己能成功。

個人在生活經歷與所處的社會境遇中，能否真正認識自我、肯定自我，如何塑造自我形象、掌握自我發展、抉擇積極或消極的自我意識，將強烈地影響到他的前程與命運。換句話說，你可能渺小而平庸，也可能美好而傑出，這都取決於你是否能夠充分地認識並反省自己。

認識自我，你就是一座金礦，也一定能在自己的人生中展現出應有的風采。

想讓別人聽你的，你得先學會聽懂自己的內心！

善於瞭解自己情緒的人，大多善於順應他人的情感基調，甚至輕而易舉地將他人的情緒納入自己的主航道。如此一來，在人際往來和溝通中將一帆風順。

高EQ者是自省能力強的人，善於聆聽自己內心的聲音，輕易地將情緒調節到最佳狀態，並用流利的語言來表達自我情感，因此與其他人來往時，更能進行良好的溝通。

良好的溝通建立在高EQ的基礎上，EQ高的人能敏銳地監控自己的情緒表達情形，並依據他人的反應來隨機應變，不斷調整自己的「社會表演」，他們類似高明的演員。

知己知彼，百戰不殆，良好的溝通必須從瞭解自我開始。瞭解自己的感受和情緒，才能擺正自己的位置，並在溝通過程中揚長避短。

瞭解你自己的情緒變化情況，也就是說，瞭解在溝通中什麼是觸動你某種情感的誘因，尤其是強烈的感受。只要你能清楚地瞭解這些誘因，就能妥善處理溝通中發生的各種情況。

瞭解自己的情緒，意味著能夠更清楚地瞭解他人的情緒。人應該學會換位思考，若在日常或工作中與人發生衝突，請試著去設想：如果自己處於對方的位置會有什麼感受。只要你能做好這件事，便能順利解決問題，贏得他人的信賴。

善於瞭解自己情緒的人，大多善於協調或順應他人的情感基調，甚至輕而易舉地將他人情緒納入自己的主航道。如此一來，在人際往來和溝通中將一帆風順。

有影響力的領導者、富於感染力的藝術家，都有這一特徵，能調動成千上萬人與自己步調一致。

如果你是一位瞭解自己情緒的管理者，藉由對照自己的經驗，你將更容易瞭解什麼能夠影響部屬的情緒，甚至激勵他們的幹勁。如果你是業務員，可以用這種能力去尋找顧客，並且確認顧客的需求。

感情往往使人看問題難以客觀，容易忽略對方的想法，導致溝通失敗。**要瞭解和控制自己的情緒，即使對方有些蠻不講理，也要學會按捺怒火，冷靜應付，必要時以不變應萬變。**

對自己情緒缺乏瞭解的人，肯定難以獲得巨大成功。這樣的人即使擁有高智商，或是具有一流的工作效率，若是無法參照自己的情緒反應來瞭解他人感受，不但不懂得關心或鼓勵其他同事，不會幫助同事的工作，甚至百般挑剔，或用冷酷的態度來教訓他們。

因此，外人可能認為他冷酷無情，並盡力回避他，甚至可能以各種不好的詞語來描述他，例如自私、冷漠、不關心人等。然而事實上，這些描述可能沒有一個是準確的，這個人只是缺乏EQ而已。

當你能夠釐清自己的感覺時，要瞭解其他人的感覺就更加容易。研究表明，用開放的態度來處理資訊會更準確。就感情方面來說，你越能設身處地為他人著想，就越能瞭解他人的看法，團隊整體的溝通效果也會越好。當團隊成員能夠彼此協調適應時，就可以發揮出團隊的加乘作用。

過去的企業總裁等重要人士往往不苟言笑，甚至可以從笑容的多寡來判斷他的身份地位。在組織中的地位越高，面帶微笑的表情就越罕見。

時至今日，許多擁有高EQ的企業領導者不再如此，而會展現出和藹可親的形象。他們更像是優秀的溝通者，熱誠而懂得關心他人，同時受到大家的歡迎，具有領導者的魅力。

擁有高EQ的人知道如何與他人和睦共處，也能輕鬆地適應不同的個人風格。除此之外，他十分具有適應性，當情況發生變化時，會及時作出調整。

在大多數情況下，高EQ者在開口說話前，先瞭解自己，然後傾聽他人的觀點與感受。當必要時，他能迅速釐清如何處理眼前的狀況，並且表現出說服力，給人值得信任的感覺。

除了能清楚地瞭解其他人的感覺，並適時給予對方支持以外，擁有高EQ的人還具有其他兩種能力：在敵對的派系之間進行有效的周旋，以及有效地組織不同的個體，以提高團隊的效率。

他們就像成功的政治家一樣，能夠使自己周圍的人，不論是個人還是集體，都感受到獲得重視和支持，並使其激發出熱情。

心理學家說：自我感覺滿足與否，與個人的實際成就成正比！

如果你的自我心像是個沒有能力的人，你就會在自己內心深處的螢幕上，經常看到一個無所作為、不受人重視的平庸小人物。

「自我心像」是自我認識或自我意識的一部分，根據自己過去成功或失敗的經驗，以及他人對自己的反應和評價而不自覺形成，是針對自身價值、能力與社會地位的評估。童年經驗對自我心像的形成有重要影響。

自我心像雖然是不自覺形成的，但一旦形成，人們便依據它去判斷自己，並指導自己的行動，很少懷疑它的可靠性。

如果你的自我心像是個沒有能力的人，你就會在自己內心深處的螢幕上，經常看到一個無所作為、不受人重視的平庸小人物。而且，遇到困難時，你會相信自己沒有能力解決，於是經常在生活和工作中感到自卑、沮喪、無力。

如果你的自我心像是個多才多藝者，你會經常看到辦事俐落、受人尊重、進取向上的自我。如此一來，在任何情況下，你都會對自己說：「我能做好」，在工作中保持自信、愉快等良好的心態，進而取得優良成績。

自我心像確立的原則是基於真實自我的基礎，最好稍微高一些。較高的自我心像會使你信心更強，制定的目標更高，於是挖掘出更多的潛力。偏低的自我心像會損傷你的自信心，可能使你連現有的能力也難以發揮出來，更別提挖掘潛力。

當你第一次獲得成功，便開始形成良好的自我心像。對許多人來說，有無良好的自我心像與自信心，首先取決於父母是否有良好的自我心像。沒有良好自我心像的父母，很難培養出有自信的孩子。

首先必須調整的就是自卑的自我心像，當你總覺得自己一無是處，事事不如別人時，應當主動修改自我心像。

這時候，應當牢固地樹立起這樣的信念：「我是造物主的獨特創造，在這個世界上，沒有跟我完全相同的第二個人。我的存在一定有價值，並且一定能找出存在的價值。」

過高的自我心像也應進行適當調整。對自己評價過高，不僅不利於客觀地設計進取目標，還會破壞人際關係，為走向成功的道路設置許多障礙。

美國哲學家威廉·詹姆斯透過研究提出一個公式，即**自足感＝成就÷抱負**。這個公式顯示人的自我感覺滿足與否，與個人的實際成就成正比，與抱負水準成反比。

如果個人取得的成就與其抱負水準相當，那麼他將對自己感到滿意，進而產生積極的自信心、成就感等。如果成就小而抱負大，此人將感到不滿足，可能更加努力地取得成就，也可能放棄努力，於是降低或拋棄抱負。

要塑造對自我的肯定評價或提高自信心，不外乎提高成績或降低抱負水準。這個公式可以成為調節自我心像的參考。

自信心與成就、抱負必須處於動態的平衡狀態，或是一定程度的不平衡，即自信心略強、抱負略大，才有利於取得成就和提高自我能力。

堅定的信心與過於高大的自我心像，有時很難區分。

獨特的見解、超凡脫俗的創造、別出心裁的設計、反潮流的行為，往往是高才智的表現。但是，這些表現卻通常難以被多數人接受，甚至可能長時間都不被大眾理解。這時，堅持己見是有自信心的表現，也是擁有巨大創造才能的人才所具備的心理素質。

另一方面，當自己對本身能力和貢獻大小的評價，與多數人發生分歧時，則應當考慮自我心像是否過高。這時，應當盡量縮短真實自我與自我心像之間的距離。

自我心像良好，自然會有自信心。良好的自我心像可說是自信心的另一種表達方式。一般來說，有自信的表現是：認為自己有智慧、有能力，至少不比別人差；有獨立感、安全感、價值感、成就感和較高的自我接受度；有良好的判斷力並能堅持己見，具有良好的合作精神和適應能力。

自我心像適當與否，是能否取得成功的首要條件。你相信自己是個聰明的人，便不會在難題面前輕易甘休。相反地，若你認定自己將一事無成，就不會再向更高的目標努力。

自信心建立在自我心像基礎上，以對自己基本客觀的評價為基石。自信心是一個向量，它的方向始終指向遙遠的終點、難以完成的事業。盲目自大不僅會對自己和別人缺乏客觀的評價，而且立足於已有的成果，坐井觀天，止步不前；不指向未來，只著眼於眼前；不指向困難，只局限於小範圍的名次。

然而，優與劣之間的距離有時僅一步之遙。在自信心幫你建功立業後，假如你就此躺在功勞簿上睡大覺，而且自以為創建的功業前無古人後無來者，那麼曾幫你建功立業的自信心便轉化為盲目自大，而且這種盲目自大將不可避免地帶來固執和僵化。

溝通小秘訣

1. 在情緒產生時，便要覺知它的存在，進而主動調控它。
2. 每種情緒反應都有其獨特功能，各有不同的生物特徵。當乍然產生特別感受時，切記別輕易否定，這或許是你心情最精確的表現。
3. 高EQ者具備自我意識，注意力不因外界或自身情緒的干擾而迷失，或產生過度反應，能在情緒紛擾中保持中立自省。
4. 自我省察是自我超越的基本前提。要超越現實的自我，首先必須誠實地面對自己，正確地認識自身的優缺點。
5. 瞭解自己的情緒，能夠更清楚地瞭解他人的情緒。學會換位思考，設想如果自己處於對方的位置會有什麼感受，便能贏得他人的信賴。
6. 自信心與成就、抱負必須處於動態的平衡狀態，或是一定程度的不平衡，才有利於取得成就和提高自我能力。

NOTE

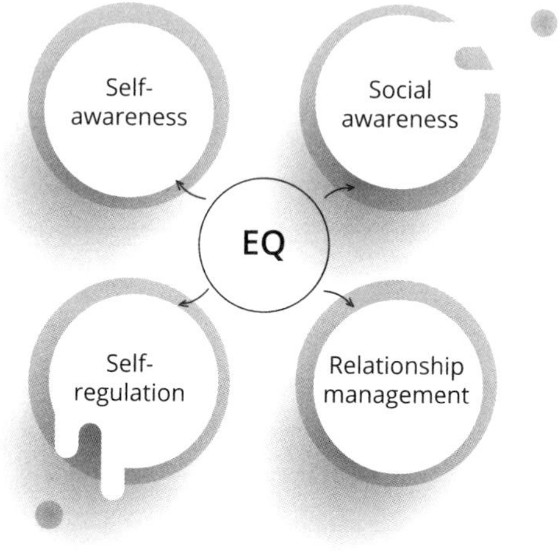
Self-
awareness
Social
awareness
EQ
Self-
regulation
Relationship
management

02

開口溝通前，你瞭解對方情緒了嗎？

善於瞭解他人，知道他人所思、所想、所感，是擁有高 EQ 的表現。
高 EQ 者能根據對方的行為舉止、語言談吐、心理活動等，
識別他們的情緒，並採取相應的對策，
因而獲得良好的人際關係，取得較大的成功。

談話時，不要急著對他人的事做出判斷

如果你僅根據自己的經驗來判斷別人的狀況，通常他出於禮貌，不得不向你做出合乎情理的回答，而這種回答很可能不是你想瞭解的實情。

一位事業有成的男士找醫生進行治療，醫生說：「你能告訴我有什麼問題嗎？」該男士提到他在生活和工作中負擔過重的問題。他向醫生詳細地解釋：「我要做的事非常多，每天都要完成很多工作，處理許多大大小小的問題。因此，我根本沒有留給自己的時間。」

醫生耐心地傾聽著，在男士終於說完後，他問男士：「你對我說，每天你都要忍受很重的負擔。但為什麼你講述這一切時，臉上始終洋溢著快樂自豪的表情？」

透過提問和觀察，醫生很快就意識到，在現實中壓迫該男士的並不是工作。雖然他的工作的確很多，但是真正的問題在於，根據他的自我價值觀念，他需要大量的工作來維持大人物的感覺：他很自豪，自己是如此重要，有那麼多的事情需要他處理，有那麼多的人需要他幫助。

不只是醫生，對每個希望瞭解別人的人來說，根本原則就是：**你只要提出你看到和感覺到的，而不是根據所見所聞，逕自總結出解決他人問題的辦法。**例如你應該這樣說：

◇「你今天臉色有些蒼白」，而不是「今天你看起來好像很累（或者是病了）」。

◇「你今天根本不能安靜地坐下來」，而不是「你今天非常激動，煩躁不安」。

◇「你今天一點也不健談」，而不是「你今天怎麼又發脾氣了」。

◇「你今天穿得很時髦、很漂亮」，而不是「你今天是不是要與男朋友約會

啊」。

為什麼前一種表達方式比後一種表達方式恰當？很簡單，你能從別人身上觀察到的表現，可能對應很多事實。比如說，某人臉色蒼白，可能是因為疲勞，也可能是由於生病，或者是化妝的緣故。

真正的原因應該是由對方對你說出（如果他真的願意告訴你）。如果你僅根據自己的經驗就對別人的狀況作出判斷，那麼你的判斷可能會給對方帶來壓力，使他不得不作出一些不必要的解釋和辯解。

即使對方不想對此解釋些什麼，通常也不會粗暴地回答：「讓我自己待會兒。」出於禮貌，他往往不得不向你做出合乎情理的回答，而這種回答很可能不是你想瞭解的實情。

因此，想正確地瞭解別人的心理，請避免用自己的觀點來解說從別人身上看到的現象。

同一個問題，卻能因提問的方式產生巨大差異！

對方往往會以你的提問方式，決定如何向你表現自己的情緒和心理。所以，注意提問的方式，將有助於更深入地瞭解對方。

人們常常傾向於認為，想瞭解別人的最簡單辦法，就是根據自己的感覺來提出問題，但有時候這種問題並不是對方需要的。愛爾蘭劇作家王爾德曾經說過：「絕對不要冒失地提問，要在適當的時機提出自己的問題。」

如果你完全出於好奇的心理，所提出的問題會使對方感覺被人尋根究柢，甚至可能感覺受到傷害。因此，他根本不會對這樣的問題感興趣，當然也不會做出詳細的回答，你想了解對方的目的便會落空。

當你粗魯或冒失地向他人提問時，對方會覺得私人領域受到侵犯，或是受到精神傷害甚至侮辱。檢查性的提問會使對方感覺被逼入某種困境，因而拒絕交流。

誘逼性的提問很有可能引導對方作出回答，但這種做法對雙方都沒有什麼成效，因為你根本無法期待獲得真誠的回答。

追根究柢提問的目的，是要打聽清楚某個人某一方面的具體情況，但這樣的做法容易令對方過早地處於防守心態，不利於交流。

那麼，如何正確地提出問題呢？**你提出的每一個問題，都涉及要表達的意圖，因此應該盡你所能，清楚明瞭地表達自己的真正意圖。**

如果你希望從別人那裡得到簡短精確的回答，就應該使用「封閉式提問」。

例如：「你現在想要霜淇淋嗎？」

對於這樣的問題，任何人給出的答案通常為「是」或「不是」。但是，如果你想要進行深入細緻的交流，這一類的提問方式難免顯得有些力不從心。

如果你希望從交談的對象那裡得到更加確切的回答，但又不想給對方造成太大的壓力，那麼可以選擇「半開放式的提問」，或者說是「關聯提問」。這種提問方式不會事先提供對方可選擇的答案，因此對方的回答較為自由，他可以講得多一些，或者答得少一點，可以相對詳細一點，或者只是簡略說明。

例如：「你為什麼不喜歡這部電影？」、「你為什麼非得現在開始休假呢？」

如果你並不希望給予對方任何思路或暗示，也不想過於表露出自己的意圖，而是盡量給予對方選擇空間，那麼你可以使用「完全開放式提問」。

例如：「你最近過得怎麼樣？」

如果你希望透過提問的方式，讓對方感受到你是設身處地為他著想，那麼你可以使用「具有感染力的提問方式」。

例如：「這兩天我覺得你有點無精打采，我想可能是你的工作壓力太大了，你覺得如果把我們的約會稍稍往後推遲一下，對你來說會不會好一些呢？」

透過這種提問方式，你不僅給自己留下迴旋的餘地，以便應對各種可能發生的變化，而且給對方留下一種印象：你能夠體察到他身上的問題，代表你真誠地關心他的狀況。

同一個問題可以用不同的方式表達，那些一眼看去完全相同或者相似的問題，卻能對對方產生不同的效果，選擇適合的問題發問，有助於瞭解對方。不妨將自己置於以下的場景中，好好感受這些簡單的問題：

◇咖啡？

◇要不要喝杯咖啡讓自己清醒一下？

◇要不要喝杯咖啡？

◇你願意和我一起去喝杯咖啡嗎？

◇現在你不想來杯咖啡嗎？

◇你覺得現在喝杯咖啡對你會不會有好處呢？

◇你給我一種印象，好像你現在需要喝些東西，來杯咖啡怎麼樣？

這些問題的差異相當微小，表達的意思幾乎是一樣的，但是對於比較敏感的人來說，卻可能大不相同。

透過你不同角度、不同方式的提問，對方能夠瞭解你的意圖或想法，對你的感覺也會因此產生不同的變化。他們往往會依據你的提問方式，決定如何向你顯示自己的情緒和想法。

晚上是母親、白天是主管，該如何切換聰明的溝通模式？

在扮演不同角色時，人們都有著與其相對應的情緒和心理表現。所以，要瞭解他人時，必須充分發揮自己的EQ，理解他們承擔的每個角色之間的關係，並且對此作出準確的判斷。

在生活中，我們不可避免地要扮演許多不同的角色，有許多張不同的面孔。譬如說，一位女性可以同時是母親、妻子和家庭主婦，也能夠擁有自己的職業角色，還可能扮演女兒、阿姨等角色，而每個角色在不同的場景中又可以分化出許多新的角色。

例如：當醫生的母親對孩子來說，也可以是家庭教師、體貼入微的女性朋友、親密的玩伴、給自己帶來安慰的人、理解和體諒自己的人、決策者等。

其實，母親在生活中承擔的角色遠遠不只這些。她們在扮演不同角色時，都有著與角色相對應的情緒和心理表現。所以，要瞭解她們時，必須充分發揮EQ，理解她們承擔的每個角色之間的關係，並且對此作出準確的判斷。

角色之間的轉換並非易事，例如：母親晚上在家裡照料生病的孩子，而第二天早上必須到工作單位上班。但是對她來說，一下子從母親的角色轉換到職業女性的角色或許很困難，因為她的心裡時刻都在惦記著孩子。

這樣的情況對男性來說也一樣，舉例來說，有時候在工作中累積許多怨氣和憤懣，回到家裡後，如果沒辦法完全從職業角色中轉換過來，一點小事都可能釀成很大的家庭矛盾。

通常人們承擔的各種角色並非都能清楚地加以區分，有的角色間可能會有重疊的地方，但是每個角色的要求都不同。一種言行舉止對於某種角色而言可能很得體，但對於另一種角色來說則可能不合適。如果不能恰當地把握分寸，情況就會變得令人尷尬。

設想一下：在家裡捏捏自己孩子的鼻子是一件平常的事，但是如果你在公司裡捏同事的鼻子（但願你不要那麼做），就會鬧出笑話。

在人們平時扮演的各種角色中，隱藏著許多特定的感覺和需求。接下來請看下面這些例子：

◇整天對別人的事情指手畫腳的人，意圖是什麼呢？一般來說，他們希望自己的表現能得到其他人的肯定和表揚，他們覺得這樣做可以使別人顯得渺小，卻會讓自己感覺很了不起。這類人總把自己放在第一位，他們必須透過這種「自以為是」的行為方式，把自己的意願強加給其他人。

◇整天無休止抱怨的人，心裡可能對現實世界十分不滿，並且希望自己看待事物的角度和視野，能夠得到其他人的認同。如果遇到不同的意見，他們會覺得這再一次證實了自己的看法（這些看法在別人眼中可能完全是偏見）。這些人平日多半意志消沉，總是希望別人拉自己一把。因此，他們在尋找「精神上的同盟者」。

◇總是覺得對別人有所虧欠的人，隨時都追求盡善盡美，希望能夠達到所有人的

要求，但這是不可能的。因此，這類人總是疲於奔命，永遠為了那些「不可能完成的任務」而辛勤努力。

人們的各種舉止中，包含著各自的心理需求。如果你想瞭解他們的情緒，必須仔細思考行為背後隱含的動機。

從言行舉止這些細節，去察覺對方的反應

EQ高的溝通者可以像鎖匠一樣觀察、思索，瞭解對方的內心組合，進而探索出他的內心結構。

你見過熟練鎖匠工作的樣子嗎？簡直就跟玩魔術一樣。他擺弄一把鎖，能聽到一些你聽不到的聲音，看到一些你看不到的細節，感覺到一些你感覺不到的情況，不一會兒，他就瞭解鎖的結構，並且把它修好。

EQ高的溝通者也是這樣工作。你可以像鎖匠一樣觀察、思索，進而探索出對方的內心結構。在這個過程中，你必須看到你以前沒有看見的，聽到你以前沒有聽見

的，感覺到你以前沒有感覺到的，提一些你以前沒有提過的問題。

如果你恰到好處地做到這些，你就能瞭解任何人在任何狀態下的策略，瞭解如何準確地向他人提供所需的東西。

瞭解他人策略的關鍵，就是要注意他們的言行舉止。人們會把你想知道的一切訊號都傳達給你，有時是透過語言或行動，有時甚至可能是透過眼神。你可以學會巧妙地閱讀一個人，就像你能學會讀一本書或地圖一樣。記住，策略只不過是產生特定結果的一種特定思考組合。

你需要做的，是促使人們感受他們的策略，同時仔細觀察他們的反應。不過，在瞭解他人的策略之前，還應搞清楚對方主要的感覺系統。

主要利用視覺系統的人傾向於以圖像看世界，他們透過大腦中的視覺部分，獲得最大的感覺力。視感強的人總是力圖跟上自己大腦中的圖像變化，所以導致說話速度較快。他們有時會因急於把大腦中的圖像描述出來，於是不太注意表達方式。這一類的人常用視覺語言來表達，向他人描述某事物看上去怎麼樣，呈什麼樣的形狀，是明還是暗。

聽感強的人說話較慢，聲音也較洪亮，較有節奏與分寸。字詞對他們來說意義重大，所以他們對說出口的話非常慎重。他們常用聽覺語言來表達，例如：「這聽起來正合我意」、「我能聽見你說的」或「聽起來一切都很順利」等。

觸感強的人說話更慢，主要是對觸覺作出反應，語調深沉，說話像是一點點擠出來的，常用觸覺語言來表達意思。他們總是嘗試掌握事物的具體形態，經常這樣說：「我找到了答案，但我還沒有抓住它。」

每個人都有這三種系統，但大多數人都是其中一種占支配地位。在瞭解他人的策略、瞭解作決定的方式後，還必須知道他們的主要感覺系統，你就能有的放矢地表達你的資訊。

如果與視感強的人打交道，要避免速度過慢、四平八穩，這樣將使他發狂。你必須順應他的大腦運轉方式來表達你的資訊。

俗話說，眼睛是心靈的窗戶，透過觀察和聽別人說話，你能立即意識到對方使用的是哪種系統。

不妨先回答以下這個問題：你十二歲生日蛋糕上的蠟燭是什麼顏色？花幾分鐘時

間想一想。在回答這個問題時，九〇%的人都會把頭抬起來偏向左邊，這是慣用右手的人回憶視覺圖像的方式。

再考慮一個問題：要是給米老鼠加根鬍子會怎麼樣呢？花幾分鐘描述一下。這一次，你的眼睛也許往上抬，目光移向右邊，這裡就是眼睛構成圖像的地方。

生理狀況的其他方面，也為瞭解他人策略提供線索。如果有人呼吸幅度大，通常是在進行視覺思考。人的聲音也含有深意，視感強的人說話快而急、有鼻音、聲調起伏大；說話慢、聲調深沉的人通常觸感強；聲調平穩、吐詞清楚則是聽感強的人的特點。

有時，甚至從臉色的變化也能瞭解別人的策略。因此，哪怕是很有限的交流，你也能嘗試去瞭解他人的心理活動方式。瞭解他人策略的最簡單辦法就是提一些恰當的問題。記住，人們做每件事情都有自己的策略，包含賣東西和買東西、引人注目、發明創造等。

學會瞭解別人策略的最好方式不是觀察，而是實踐。因此，你要盡可能地在其他人身上練習。

善於瞭解他人，知道他人所思、所想、所感，是擁有高EQ的表現。高EQ者在社交活動中不盲目、不糊塗，他們能根據對方的心理活動採取相應的對策，因而能獲得良好的人際關係，取得較大的成功。

觀察說話的語氣與節奏，也能看出對方隱藏的情緒

有人平時能言善辯，突然結結巴巴說不出話來；相反地，某人平時說話不得要領，東拉西扯，現在卻突然滔滔不絕。毫無疑問，一定是事出有因。

人的內心情感如同浮在水面上的冰山，大部分情緒是肉眼看不到的。那麼，如何探測內心情緒呢？

言語是自我表現的一種手段，而且在不知不覺中，也反映出各種曲折的深層心理和情緒。也就是說，人們可用言辭來表現自我的真相，也能透過分析對方的言語或措辭，探測對方的真相。

人無意識中的言語或措辭特徵，比說話內容更能表現出對方的深層情緒。與他人初次談話的時候，雙方一開始都會表現得很客氣，態度較為恭敬，等到彼此逐漸熟悉後，不僅姿勢會放鬆變得較隨性，連說話的措辭也會比較隨意，此時比較容易識別出對方的心理和情緒。

日本某旅社的主管在招募職員時，會故意要求前來應考的人隨便處理些雜事，盡量使對方放輕鬆。這些應試者在剛開始時，都顯得相當拘束和緊張，並且使用正式的措辭回答，但過一段時間後就會用習慣的話語來應對。在這種情況下，主管能夠藉此瞭解應徵者的內心活動。

言語可以看出一個人的教養，顯示個人的社會、階層和地理狀況等差異，同時表示出教育程度，它含有心理學上的意義與價值。每個地區都有不同的說話語調和特殊的措辭，所以人類會因為成長環境不同，而影響到言語與措辭方式。

《窈窕淑女》這部電影描述一位語言學教授為了與人打賭，花費極大的心力，訓練一位出身貧賤的賣花少女成為真正的淑女，包括言語與措辭的訓練。原因是人們能夠從說話語調、節奏以及措辭中，判斷出她的出身和來歷。

說話的快慢由本人的氣質或性格決定，有時若是對方說話方式突然異於尋常，該如何探測他們的心理秘密？

有人平時能言善辯，卻突然結結巴巴說不出話來，或者某些人平時說話不得要領，卻突然滔滔不絕地說出一大堆話，這時一定事出有因。

一般來說，如果對他人心懷不滿，或者持有敵意態度時，許多人的說話速度變得遲緩，而且稍有木訥的感覺。相反地，如果有愧於心，或者有意要撒謊時，說話的速度則變快，這是人之常情。

一位評論家說：「如果男人帶著浮躁的心情回到家裡，通常都會在妻子面前滔滔不絕地說個不停。」內心懷有不安或恐怖的情緒時，說話的速度往往會變快，這是因為說話者希望藉著快速的談吐，排解內心潛伏的不安或恐怖。這時，沒有充裕的時間可以冷靜地反省或思考，談吐的內容往往十分空洞，倘若碰到慎重而精明的人，馬上被看穿內心情緒。

如果有人平時沉默寡言，但在某種狀況下，突然不太自然地變得能言善辯，表示他內心很可能隱藏著某種不想讓外人知道的情緒。

說話的音調也經常深藏玄機。當你滿懷浮躁的心情與人交談時，你的音調也會突然變得高昂。日本作曲家神津善行說，在反駁對方的意見時，一般人都會表現出激昂的音調，這是最簡單的方法，表示他想壓倒對方。

說話音調高昂原本是幼兒時期的現象，也是一種表現任性的形態。一般來說，隨著年紀的增長，說話的音調便會降低。這種變化表明，人類的精神構造在不斷地成長，並且逐漸抑制任性的情緒。有時成人說話的音調變得高昂，表示他無法抑制內心的情緒，在這種情況下，他便聽不進別人的話。

在談話方式中，說話的節奏也相當重要。凡是充滿自信心的人，一定具有果斷的說話節奏；相反地，有些缺乏自信，或是個性較陰柔的人，說話的聲調則缺乏果斷的節奏。

有一種人話題始終說不完，即使想要告一段落，也得花費相當的時間。這種人的內心可能潛伏著唯恐話題即將說完的恐懼與不安，他們非常需要與人社交，懷有想要說個沒完的高壓態度或欲望。

相反地，有些人卻想盡快說出結論，則是害怕被人反駁。很多人喜歡在句尾加入某種曖昧不明的語氣，其實在一般語言的構造中，語尾都能道出結論來，倘若帶有含糊不清的意思時，很容易讓人感到莫名其妙。喜歡採用這種說話方式的人，可能有意逃避自己的責任。

此外，也有人喜歡說「這些只是我個人的想法而已」，或者說「真是一言難盡」。這樣的話語也帶有逃避責任的意味。

嘗試說服之前，先問問自己是否瞭解對方的感受

說服是鼓動、影響，而不是操縱，影響是個優美的過程。如果你把自己想像成一個藝術家，細心地揣摩對方的心理和情緒，你就能說服和影響他。

一位父親提到自己尋求瞭解女兒的心路歷程，以及彼此瞭解對父女關係所產生的深遠影響：

女兒凱琳約十四歲時，開始對我們十分不尊重，經常出言諷刺、使用輕蔑語氣，她的行為也影響到弟弟和妹妹。

我一直沒採取行動，直到某天晚上，妻子、我及凱琳在我們的寢室裡，凱琳脫口說了些不當的話。我覺得她實在鬧得不像話，於是大聲呵斥：「凱琳，你聽好了，讓我告訴你我們家的規矩！」

我道貌岸然地開始長篇大論一番，以為能讓她信服，知道該尊敬爸媽。我提到最近生日為她做的一切，包括協助考取駕照，還讓她開自己的車。我滔滔不絕舉出不少豐功偉績，以為凱琳會感激涕零，但她竟有些挑釁地說：「那又怎麼樣？」

我氣炸了，憤怒地說：「你給我回房間去，我們不想再管你。」凱琳衝出去，摔上自己的房門，我氣得在房裡踱步。然而，冷靜後我突然想到，我並沒有試著瞭解凱琳，雖無意打擊她，但是只站在自己的立場上，這份覺悟扭轉了我的想法和對她的感覺。

半小時後，我來到女兒房間，第一件事就是為自己的行為道歉。我並未為她的行為開脫責任，僅就自己粗魯的舉止致歉。

「我知道你心裡有事，但不知道是什麼。」我讓她知道，我真的想瞭解她，最後終於營造出適當的氣氛，讓她願意分享內心的不快。

凱琳有些遲疑地談到她的感受：身為初中生，不但要把書念好，還得交到新朋友；她害怕自己開車，因為這是全新的經驗，會擔心自己的安全；她剛接到一份兼職工作，不知老闆對她有何看法；她在上鋼琴課，還要教琴，生活相當忙碌。

最後我說：「凱琳，你覺得不知所措了吧？」問題終於找到了，凱琳感覺到有人瞭解她。在面對這些挑戰時，她覺得手足無措，所以對家人頗多怨責，因為她渴望家人的關心。其實，她真正想說的是：「拜託誰來聽我說說話吧！」

我告訴她：「所以當我要求你尊重我們時，你覺得又多了一件事。」

她說：「就是嘛！又多了一件事，我連眼前的事都應接不暇了。」

我把妻子拉來，三人坐下來商量，設法讓凱琳簡化自己的生活。最後，她決定不去上鋼琴課，也不教鋼琴了，她覺得這樣很好。接下來的幾星期，凱琳像是換了個人似的。

從那次經驗後，凱琳對自己選擇生活的能力更具信心。她知道父母瞭解她，也支持她。不久，凱琳決定辭去工作，因為工作不符合理想，並在別處找到一份更適合她的工作。

回顧過去，我想女兒的自信來自我們樂於花時間坐下來瞭解她，而不是對她說：「好吧，這種行為不可饒恕，不准你出門！」

凱琳與父母的爭執只是一種表象，她用行為掩蓋心中的憂懼，父母若只針對她的行為回應，便永遠無法明白她的煩惱。但是，凱琳的父親放下批評的手段，真心地揣摩她心中所想，讓凱琳感受到父親的意願，於是安心坦承自己的心事，進一步釐清問題，獲得父母的引導與指示。

在說服的過程中，要注意以下幾點：

◇說服的前提是，你要清楚自己想要什麼，同時知道他人的要求，在你和對方的需要之間做好平衡。

◇如果你不知道你想要什麼結果，而對方清楚自己說服的最終結果，你將被對方影響。

◇說服時，切忌融入自己的情緒。在任何場合下的發怒、過於激動、過於高興或

傷感，都會削弱你的力量。

◇說服是鼓動、影響而不是操縱，影響是個優美的過程，如果你把自己想像成藝術家，會有意外的收穫。

瞭解他人心理的途徑，是溝通、認識他人的世界。人際關係成功的人，一般都善於揣摩他人心理。

溝通要讓對方感覺自己被接受、被瞭解，讓人覺得你將心比心，善解人意。要做到這一點，你必須深入瞭解對方的內心世界，觀察體會、細心揣摩，並採取適當的行動，來滿足對方的需求，建立信任感，才能使溝通更有成效。

培養豐富的同情心，會讓你更受歡迎！

富有同情心的孩子在學校較受歡迎，情感也較穩定，在校表現較佳，但事實上，這些孩子的智力並不比別的孩子高。

九個月大的小孩每次看到其他小孩跌倒，眼眶裡便浮起淚水，然後爬到母親懷裡尋求慰藉，彷彿跌倒的人是他。

十五個月大的麥可看到朋友保羅在哭，會拿出自己的玩具熊安慰他，如果保羅仍哭個不休，還會再給他抱枕。這些情形是孩子的母親協助專家做研究時，觀察記錄下來，該研究顯示同情心的形成可溯及嬰兒時期。

事實上，嬰兒自出生之日起，聽到其他嬰兒啼哭便會感到難過，有人認為這是人類同情心表現的最早徵兆。

發展心理學家發現，嬰兒還未完全釐清別人與自己的差異時，便能同情別人的痛苦。幾個月大的嬰兒看到其他孩子啼哭也會跟著哭，彷彿感同身受。約周歲時，孩子開始明白別人的痛苦是發生在別人身上，不會影響到自己，但看到別人痛苦時，仍會感到不知所措。

紐約大學的馬丁．霍夫曼教授做過相關研究，他注意到，一個兩歲大的孩子帶母親去安慰另一個哭泣的孩子，而事實上，那孩子的母親就在他身旁。

其他同齡孩子也表現出同樣的困惑，他們會模仿別人的痛苦。兩歲大的孩子看到其他孩子的手受傷時，可能會把手伸進嘴裡，看看自己是否也會痛。孩子看到母親哭泣時，可能會擦拭自己的眼睛，雖然他並未流淚。

到三歲半時，小孩不再做行為模仿，他們不但能區別他人與自己的痛苦，而且能安慰別人。以下是一位母親的記錄：

鄰居的小孩在哭，……珍妮走過去拿餅乾給他吃，一路跟著他走，甚至自己也開始發出哭音。接著她想要撫摸小孩的頭，但是他躲開了，……小孩漸漸不哭了，但珍妮似乎仍很關切，不斷拿玩具給他，拍他的頭和肩。

同情要以自覺為基礎，越能坦誠面對自己的情感，越能準確閱讀別人的感受。當具有情感表達障礙的人遇到別人直接表情達意時，常會感到困惑不已，這不但是EQ的一大缺陷，更可說是人性方面可悲的缺憾，因為融洽的關係是人們相互關懷的基礎，源於敏銳的感受與同情心。

同情心簡單來說就是瞭解他人的感受，這種能力在各個領域中都扮演重要的角色，缺少這種能力可能導致極可怕的後果，心理變態的罪犯、性侵犯、虐待兒童者都是明顯的例子。

一般人的情感很少直接訴諸語言，多半是以其他方式表達。捕捉他人情感的關鍵在於判讀這些非語言的資訊，如語調、手勢、表情等。哈佛心理學教授羅伯特・羅森塔爾對此做過大量深入研究。

羅森塔爾設計一種稱為「非語言敏感度」的同情心測驗，以一位女性表達各種情感為主題製作一系列錄影帶，表達的情感從厭惡到母愛應有盡有，情境包括因嫉妒而發怒、請求寬恕、表達感謝、誘惑等。

錄影帶經過特殊處理，使每個畫面只出現一種表達資訊。舉例來說，有些畫面（當然語言已消掉）去掉所有因素，只能看到面部表情，有些則只能看到身體的動作，受測者必須根據單一資訊辨別情感。

實驗者是來自美國等十九個國家的七千多人，羅森塔爾發現，非語言訊息判讀力高的人有多項優點：情感調適力較高、較受歡迎、較外向、較敏感。一般而言，女性判讀力較男性高。

這項測驗長達四十五分鐘，有些人在受測過程中表現越來越好，顯示具有不錯的同情心學習能力。研究發現，這種人與異性關係較佳，可見得同情心有助於豐富人們的愛情生活。

就像EQ的其他元素一樣，同情心的敏感度與智力測驗沒什麼關係。一項針對兒童的測驗發現，富有同情心的孩子在學校較受歡迎，情感也較穩定，在校表現較佳。

但事實上，這些孩子的智力並不比別的孩子高。顯然同情心有助於學習，有助於獲得老師和同學的喜愛。

好人緣不需巧舌如簧，掌握傾聽的藝術更能擄獲人心

傾聽者是無法抗拒的，因為他們富有同情心，願意分享人們的弱點，願意聽人們訴說不愉快的情緒。

■同理心式傾聽

一位主持人採訪小朋友：「你長大後想做什麼？」

小朋友天真地回答：「我要當飛機駕駛員！」

主持人接著問：「如果有一天，你的飛機飛到太平洋上空，所有引擎都熄火了，

你會怎麼辦？」

小朋友想了想說：「我會先告訴坐在飛機上的人，請繫好安全帶，然後我掛上我的降落傘跳出去。」

現場的觀眾笑得東倒西歪，然而主持人繼續注視著這個孩子，想看他是不是自作聰明的傢伙。沒想到，孩子的兩行熱淚奪眶而出，主持人被這孩子的悲憫之情深深地打動。

於是主持人問他：「你為什麼要這麼做？」

他的答案透露出孩子最真摯又天真的同情：「我要去拿燃料，我還要回來！我還要回來！」

當孩子說自己要掛上降落傘跳下去時，誰聽出了他的同情心呢？

到底以何種方式聆聽，才最有利於瞭解對方，並與對方達成溝通建立感情呢？心理學家建議用「同理心式傾聽」。

同理心式傾聽就是用心聆聽另一個人的思維與心聲，盡量避免主觀直覺判斷，並透過認可對方，引導對方說出內心想法。這是設身處地、嘗試以他人的雙眼來探究世界的傾聽方式。這種方式能夠真正深入他人心理，是高EQ的表現。

知名作家鮑威爾曾說：「我們要聆聽的是話語中的含意，而非文字。在真誠的聆聽中，我們能穿透文字，發掘對方的內心。」

人們都喜歡傾聽者，有同情心的傾聽者和親密的朋友一樣重要，無論是對個人或團體都能產生積極的作用，讓人感覺他們相當可靠、值得信賴。

傾聽者會在考慮自己的需求前，先考慮他人的需求，並且支援和幫助他人。傾聽者樂於瞭解他人的心靈，分享他人深層次的感受。人們傾向於向傾聽者打開心扉，是因為人們渴望被關懷，而且真誠的傾聽者也確實做到這一點。

當他人受到傷害時，傾聽者也同樣有受傷的感覺，當他人心痛的時候，傾聽者的心真的痛了起來，如同自己也經歷過一樣。為了幫助他人克服這種傷害，他們願意聽更多人訴說，有助於保持情緒溝通的車輪不停運轉。

傾聽者充滿人性，並且極為忠誠。如果他們的需求在工作中得到滿足，他們會更加努力，對任何人都有同情心，不論對方身分，這就是傾聽者的魅力所在。

美國ABC電視台名嘴芭芭拉．華特斯在競爭異常激烈的採訪領域中，之所以獲得長時間的成功，就在於她在受訪者面前都扮演傾聽者。她作為成功的傾聽者，擁有好萊塢明星沒有的魅力，贏得更多人的心。

每個人都喜歡傾聽者，傾聽者是無法抗拒的，因為他們富有同情心，願意分享人們的弱點，願意聽人們訴說不愉快的情緒。如果想要其他人喜歡內在的你，不妨嘗試做個傾聽者。

從某個你感覺非常親近的人，或者是與你有信任關係的人開始，與他一起度過一段不受干擾的時間，並且聽他講述生命歷程中最重要的篇章。

在這個過程中，隨之而來的情緒可能會讓你哭或笑。當你越來越頻繁地嘗試這個過程，你會發現自己學到討人喜歡的傾聽者特質。當這種特質增強時，你會擅長於掌控情緒，更能運用感覺去判斷他人。

窮人來到富翁的家裡，傾訴自己的悲慘遭遇，窮人講得十分真切動人，富翁受到從來沒有過的感動。但富翁卻對僕人說：「約翰，快把這個窮漢趕出去，他使我的心都碎了。」

這位自以為在傾聽的富翁，並不是真正的傾聽者。傾聽並不意味著軟弱和順從，相反地，它需要大量的內在力量。

曾任哈佛大學校長的知名學者查爾斯．艾略特是個熟練的傾聽藝術大師。美國作家亨利．詹姆士回憶說：「艾略特的傾聽並不是沉默的，而是以活動的形式。他直挺挺地坐著，手放在膝上，除了拇指或急或緩地繞來繞去，沒有其他的動作。他面向談話者，直直望向對方眼中，彷彿雙眼也在傾聽。他專心地聽著，同時用心思考對方所說的話。等雙方談話結束，對方會感到自己已經把想說的話全說出來。」

佛洛伊德可說是近代最偉大的傾聽大師，有人曾如此描述他傾聽的態度：「那簡直太令我震驚，我從沒有見過這麼專注的人，有這麼敏銳的靈魂洞察和凝視事物的能力。他的眼光是那麼謙遜和溫和，聲音低柔，動作很少。但是他對我的那份專注、對我的談吐表示出的欣賞，即使在我表達不清時依然如此。你真的無法想像，別人像這樣聽你說話所代表的意義是什麼。」

■做個好的傾聽者

傾聽別人的傾訴，是識別他內心情緒的最好方式，也是實現溝通的前提，只有用心去傾聽，才能恰如其分地投入到談話中。在傾聽時，以下這些原則都值得重視：

◇自始至終目光應該注視著說話者。

◇全神貫注於對方身上。

◇顯示出你的興趣。

◇不要讓別人分散你的注意力。

◇避免做一些容易分神的動作，例如瀏覽報紙。

◇投入你全部的時間。

◇當別人不能馬上將一件事導入重點時，你也有責任。

◇不要打斷別人的話。

◇設身處地想想對方的處境，嘗試一下，假使自己身在他的處境中，會有什麼感

受。

◇透過你的身體語言，向他傳遞你要傳遞的訊息，例如：用點頭的方式表示贊同和興趣。

◇當然，你不應該在整個過程中一言不發，只知道死盯著對方的眼睛、一個勁地點頭。你也可以在傾聽時喝杯咖啡。

以上這些原則只是可參照的依據，而非必須執行的行為準則，不同的談話方式要求不同的傾聽行為。人們把耳朵對周圍環境的感覺稱為聽覺，不過如果專心致志於一種聲音的來源，並且目標明確地重視它，便可稱之為傾聽。

人們在傾聽時，往往會設身處地為傾訴者著想，提出一些看法和建議。許多人在傾聽時會被對方的情緒所驅使，認為自己能夠幫忙解決問題。假如朋友與妻子發生爭吵，並且對你講述這一切，你自然會對此作出反應，可能會這樣安慰他：

◇我要是處在你的位置，我也不能忍受這一切。

◇真是難以置信，我沒有想到，你太太居然會這樣。
◇這次又跟上次情況一樣，你們總是爭論這種事情。
◇對此，你必須總結你自己的問題。
◇不要想不開，這一切不久就會恢復正常。

其實，這些反應沒有一種是你朋友所期待的，並且對他毫無實質性的幫助。有些話甚至會使他感到更加生氣，其他則多半是廢話。而且，朋友會認為你並不是設身處地為他著想，你更多的是在表現自己，而不是在關心他。

傾聽者應該明白，你表達的觀點並不能完全解決別人的問題。你唯一能做的，就是表現出自己的理解和體諒，並用心去傾聽他的話語。

在傾聽時，你可以透過恰當的交流和引導，讓對方在傾訴過程中，更加認識和瞭解自己面對的問題，並且鼓勵他憑藉自己的力量，尋求解決問題的方法。

你可以在談話中採取以下兩種方法，引導別人找出解決問題的線索。

1. 用你自己的話，重複一遍你聽到的。

例如：「你認為……」，一方面你可以藉此向他表示，你用心傾聽他的話，另一方面你也給他一個機會，藉由你的複述，對他自己所說的話進行修正和補充。

2. 在談話的過程中，你可以適當地分析對方的心理狀態，從你的角度評價對方的感情狀態。

例如：「你這樣生氣，對方可能認為……」，你所說的可能正是對方並未意識到的事，如此一來，你可能說中問題的重點，同時使他清楚地意識到自己的問題所在。

看清身體表達的語言，就能消除70%的誤會與衝突

瞭解身體語言，是洞察他人情緒的重要技巧，掌握這種技巧，就能夠準確有效、迅速快捷地判斷出對方的情緒。

人的心理常常被比喻為舞臺，倘若把照明燈照到的地方當成意識焦點，焦點的背後就是光線照射不到的「黑暗地帶」，也是人類的深層心理區域。如果不能探索到這塊黑暗地帶，就無法真正瞭解人類的心理。

要洞察對方的深層心理，有必要瞭解語言以外的情緒表現。這些情緒表現通常會透過非語言的訊息來傳達，例如姿態、動作、表情、服飾、語調等，**學會識別這些非**

語言的情緒，能幫助你理解他人的真實意圖，成功地與人交流。

實際上，很多不快和衝突，都是由於當事人沒有注意或準確判斷對方的情緒而造成。因此，識別對方的情緒，看出對方的內心情感和欲望，是一種高EQ的表現，也是建立良好人際關係的基礎。

人類最基本的表達和溝通方式並非文字，而是來自身體的語言。理解和掌握身體語言，意味著在交談的過程中，能夠充分瞭解對方透過身體動作，有意或者無意間向外傳達的資訊。經驗豐富的家長，很容易就可以察覺出自己的孩子有沒有說謊，就如同《木偶奇遇記》的內容一樣：皮諾可的鼻子在他說謊時會變長。

當孩子費盡心機編造故事情節時，他的身體和眼神已經出賣他。這種情況下，真正說話的不是他的嘴巴，而是他的身體。

日常生活中，你一定有過這樣的經歷：儘管某人向你闡述許多理由和相應的論據，你還是無法感到滿意和信服。

某人向你吐了一大堆苦水，試圖使你相信他現在的境遇有多麼辛酸和令人悲傷，但是你還是不能相信他所說的情況。

某人特意在你面前炫耀自己現在過得多麼好，但是你並不相信他。

某人大聲地表示，多麼喜歡、滿意你贈送的禮物，但是你從他的眼神中卻看到另一種意思。

這到底是為什麼呢？別人確實向你闡述許多理由，為什麼你還是不相信他呢？**真正的原因在於，他的身體向外界傳達出完全不同的資訊，你透過他的身體語言察覺到他在說謊。**

在日常生活中，人與人之間的交流與溝通，以及資訊的傳遞，八〇%是透過身體語言來完成，而非文字。因此，準確地理解身體的語言，對瞭解他人的情緒來說十分重要。

瞭解身體語言，可以使你更加清楚明白地表達意圖。在人際往來中，你要透過身體語言表達自己的意思，同時也必須清楚地瞭解他人的身體語言所表達的訊息，並且作出回應。

好感和反感這兩個概念，表達內心最基本的感受。在身體語言的幫助下，人們能清楚地表達這兩種情感。

好感意味著對於某人或某事物傾向於友好和同情，你會嘗試拉近彼此之間的距離。對於你有好感的，你通常會笑臉相迎，較容易理解和原諒對方。對於你反感的，你會保持距離表示拒絕。身體語言和內心的情感，在某種程度上是相互依存的。

沙米・摩爾休是著名的默劇演員，曾經對身體語言作出這樣的表述：在英語中，「body」意味著「身體」，「somebody」表示「某人」，這說明人必須透過身體才能與別人交流，因為身體會說話。somebody的反義詞「nobody」，可以理解為「沒有人」，這表示離開身體就沒有語言，訊息也無法相互傳遞。

有人的地方就有身體語言，沒有身體語言就沒有訊息的傳遞，多麼貼切的比喻！瞭解身體語言，是洞察他人情緒的重要技巧，掌握這種技巧，就能夠準確有效、迅速快捷地判斷出對方的情緒，並能分析自己判斷他人情緒時的失誤和教訓，累積豐富的生活經驗。

認識和評估他人身體語言的ＥＱ越強，在生活中就越能輕鬆掌握住他人的情緒，做到言行得體、進退自如。

看似不經意的微表情、微動作，卻隱藏著溝通的大學問

人的內心世界不只從臉部表現出來，當人們努力抑制臉部表情的變化時，身體其他部位會在無意中洩露真情。

手語表達的情緒

反映人的情緒時，臉部表情佔有重要的地位，是鑑別情緒的主要標誌，但是臉部表情在一定程度上能夠隨意控制。人的內心世界不只從臉部表現出來，當人們努力抑制臉部表情的變化時，身體其他部位會在無意中洩露真情。

例如，即使某人用微笑來掩飾憤怒，他緊握的拳頭與僵硬的肢體，卻明白無誤地告訴對方他的真實情緒。

美國前總統尼克森捲入水門事件後，在某次接受記者採訪時，出現摸弄臉頰、下巴等動作。在水門事件爆發前，他從未有過這種動作，心理學家據此認為，尼克森這次肯定脫不了關係。

摸自己身體這種自我接觸，在心理學上可以解釋為「自我安慰」。為了彌補自身的弱點或掩飾情緒，人們往往會無意識地做出種種自我接觸的動作。尼克森的自我接觸，就是由於證據確鑿，不自覺地將其恐懼心理流露出來。

自我接觸的基本含義多為內心不安、緊張、恐懼等。人在精神上受到傷害或產生緊張情緒時，便會不由自主地觸摸身體，如撫摸、抓、捏等。這些舉動與嬰兒得到母親的愛撫，藉以保持心理平靜的原理頗為相似，是成年後的另一種表現形式。

不斷地將兩隻手交叉在一起，是內心緊張不安的一種客觀折射。

攤開雙手，是許多人表示真誠與公開的姿勢。義大利人毫不拘束地使用這種姿勢，當受挫時便將攤開的手放在胸前，表示「你要我怎麼辦呢」。

不妨注意小孩的動作，當他們對自己完成的事感到驕傲時，便會坦率地將他的手顯露出來，但是當他們有罪惡感，或產生懷疑時，便會將手藏在口袋中或背後。

與開放接納的姿勢相對的，是保護自己身體、隱藏個人情緒、對抗侵侮的姿態。

每個球迷對以下這種情形都司空見慣：裁判作出判決後，某隊的球隊教練對該判決提出抗議，忽而雙手亂揮，忽而雙手深插口袋中，甚至握拳相向。裁判眼瞪著球隊教練，雙手交叉在胸前，做出一種防衛性的姿勢，有時他會背對教練，以表示「我不再聽你的話」。

有些人在打電話時，手不自覺地敲打電話台，這可能代表他處於興奮狀態，情緒在手上自然流露出來。人們在大庭廣眾下演講時，如果情緒激昂，也會很自然地活動起手足，或者撫弄麥克風的架柱。

所以，內心的意識或無意識思考活動，都會趁著心情激蕩的時候，透過手足的活動顯露出來。

例如談生意時，在你說明來意或觀點後，對方卻不置可否，不知道是拒絕還是應允，這時候就要注意對方手部的微小動作。手部放鬆，手掌張開，將手攤開放在桌子上，清除桌上的障礙物，撫摸下巴，這些都可以看做是表示肯定情緒的動作。

如果對方內心情緒是否定的，雖然有時表面上會裝出感興趣的神色，但手部動作卻會洩露內心秘密。當對方出現下列手部動作時，可能表示他的心理狀態是「我不高興」、「不想聽你說話」、「我不會答應」等。

例如：在身體前方握緊拳頭；兩手放在大腿上，張開手時，兩手拇指相向；兩手交叉按在頭部後面，或手指按在額頭正中央；手向著你而屈指數數；交談時不斷地把玩桌上的東西，或將它重新放置；打開抽屜又關上，好像在找東西；兩手支住下巴；用手指連續敲桌子。

心理學家還發現，當一個人用手摸頸後時，往往代表惱恨或懊悔等負性情緒，他們把這個姿勢稱為「防衛式的攻擊姿勢」。

在遇到危險時，人們常常不由自主地用手護住腦後，但在防衛式的攻擊姿勢中，他們的防衛是偽裝，於是手沒有放到腦後，而是放到頸後。有些女性則是伸手向後，撩起頭髮，來掩飾自己的惱恨情緒。

握手也藏有深層的心理術。一般常說，握手的力氣大小與性格有關。例如：握手有力者多是富於主動性並充滿自信的人，握手無力者則缺乏魄力，性格軟弱。另外，在晚會上和不相識的對象一個勁握手的人，可能表示他喜歡表現自己。

在中世紀的歐洲，互不相識的人相遇時，如果不是敵人，就鬆開武器表示沒有敵意，相互靠近握手。因為大多數人都是右手較有力，用右手握對方的右手，就用不著擔心自己的刀會被奪，握手成了解除武裝的標誌。

現代人也是一樣，握手是為了解除心理上的武裝。正因為精神上的戒備鬆弛，心理的微小變化也就容易表露出來。

同時，握手能直接接觸到對方身體，所以握手也有「用身體瞭解人」的目的。

我們能透過握手來瞭解對方的微妙心理活動，其中具有代表性的就是根據手的濕潤程度進行判斷。

人體常伴隨著恐怖和驚訝之類的感情變化，使自律神經不受意志控制而活動，引起呼吸紊亂、血壓和脈搏變化或者汗腺興奮（精神性的出汗）。

人們看球類比賽，當賽況緊繃時，手裡總會捏著一把汗。因此，如果在握手時感覺到對方的手掌滲著汗，便能推測對方目前心情緊張，內心失去平衡。

曾經在警察局活躍一時的科學偵查老手，也推薦警官使用「詢問握手法」，就是在詢問嫌疑犯時輕輕地握其手。開始詢問時先握一下手，然後每當觸及核心問題時，邊說著「讓我們慢慢談好嗎」之類的話，邊握對方的手。

假如嫌疑犯開始手掌是乾的，但在談話過程中出汗，往往推測出此人正是罪犯。眾所周知的測謊儀就是依靠記錄汗腺的興奮情況，對受測者的心理狀況進行科學的判斷，與詢問握手法有異曲同工之妙。

■身體其他部位的語言

身體其他部位也透露著豐富的語言資訊，學習從這些資訊裡識別他人的情緒和心理同樣十分重要。

有時候，觀察腳的動作是透視情緒的重要途徑。比起手部動作，腿部和足部動作顯然比較少，因此它們的表現比手單純得多，而且當人感情激昂時，足部動作會更貧乏，所以足部透露的情緒資訊往往被人們忽視。

然而，正因為人們總是忘記注意自己的腳，它提供的資訊也就更有價值，更能反映出一個人的真實內心。當你看到某人兩隻腳踝相互交疊，或許應注意此人是不是正在克制自己，因為人們在克制強烈情緒時，會情不自禁地腳踝緊緊交疊。在交易場上或其他社交場合中，當一個人處在緊張、惶恐的情況下，往往會做出這種姿勢。有人開玩笑說，這種姿勢就像急著上廁所又不能去的樣子。

談判時，若對方身體坐在椅子前端，腳尖踮起，呈現一種殷切的姿態，這表示對方很可能願意合作，他的動作象徵著積極情緒。此時善加利用，雙方就可能達成互惠的協定。

有位商人在談生意時發現對方露出不快的神色，似乎不願意繼續和他談下去。為了做成這筆生意，他仍然委婉地說：「我誠心誠意地要做成這筆交易，已經把底牌都攤開給你們看。」他滿以為自己態度相當誠懇，對方肯定會同意，殊不知對方態度卻更加強硬，因為對方發現他口是心非、難以信任，最後大家不歡而散。

為什麼會出現這種意料不到的結局呢？原來是他的腿洩露內心的真正感受。在說話時，他身體挺直，兩腿交叉蹺起，這一姿勢表示懷疑與防範，與他所說的「誠心誠意」正好相反，對方當然不願意跟他簽訂這項協議。

所以，在談判、推銷商品或個人來往時，要注意那些蹺二郎腿的人，而對那些坐在椅上，蹺起腳跨在扶手上的人更要警惕，因為這種人往往缺乏合作的誠意，對別人的需求漠不關心，甚至對你帶有一定的敵意。

人們能夠自信地站立、害羞地站立、忐忑不安地站立嗎？當然可以。

自信地站立，通常表現為雙腳穩定地支撐著身體，雙腿伸直，腿部肌肉放鬆，膝蓋並不像點名集合時那樣不自然地繃直。雙腳的位置通常不是完全平行，而是腳尖略微朝向外側。在這種情況下，人們通常不會頻繁地走動，站立的姿勢整體來說是平靜和自信的。

害羞、忐忑不安地站立時，人們往往傾向於將身體重心轉移到某一腳，伸出另一隻腳，腳尖可能會略微地朝向內側。這種情況下，人們通常不會站著不動，而是不停地走來走去，不斷地試圖尋找更好的位置，這樣的姿勢顯得不穩定和不自信。

走路姿勢和腳步幅度也反映出內心的情緒。例如兩手插在口袋中，拖著腳步，不太抬頭注意自己往何處走，這往往是心情沮喪的表現。

身體前傾、步伐很大的人很可能正急著趕時間。相反地，抱著雙臂、邁著八字步緩慢行走的人，很自然地流露出悠閒的心境。

通常，點頭是代表善意、積極的情緒，但有時也有相反的意思，必須根據具體情形作出判斷。

一般來說，談話時有節奏地點頭，並且與談話內容有所關聯，才是代表肯定的意思。如果與談話內容無關地亂點頭，則說明對方內心動搖、猶豫，或有所隱瞞，藉點頭來掩飾內心的不平靜。如果一次點頭次數太多，動輒三五下，一般有否定意味，表示想要終止談話或者覺得對方太囉唆。

想認識他人情緒，還有許多其他資訊會提供依據。例如：棋類比賽戰況陷入膠著時，棋手若將自己內心的焦慮露在臉上，馬上會被對手發覺，反而安撫對手的緊張情緒。所以，高水準棋手盡量喜怒不形於色，但是身體的某一部位還是會不自覺地將情緒洩露無遺。

中國著名棋手聶衛平每當局勢落於下風時，耳朵便會變紅，這個秘密被人發現以後，棋界人士戲稱：「聶衛平贏不贏棋，看耳朵這個晴雨表就知道。」

在正式場合中發言或演講的人，若是一開場就清喉嚨，多半是由於緊張或不安；說話時不斷清喉嚨、變聲調的人，可能情緒處於焦慮。還有些人清嗓子，是因為對問題遲疑不決，需要繼續考慮。一般有這種行為的，男人比女人多，成人比兒童多。

兒童緊張時，說話通常會顯得結結巴巴或吞吞吐吐，而不是採取清喉嚨的形式。有時成年人故意清喉嚨是對孩子的警告，表達不滿的情緒，意思是「如果你再不聽話，我可要不客氣了」。

口哨聲有時是代表瀟灑或處之泰然的態度，但有的人會以此來虛張聲勢，掩飾內心的惴惴不安。如單身夜行者有時便會吹口哨壯膽，所以你不應被表面現象所迷惑。

抽菸者如果突然熄掉菸或擱在菸灰缸上，有時甚至不注意地放到菸灰缸外，不再悠悠然地吞雲吐霧，這說明此人的心情突然變得十分緊張。抽菸者在情緒緊張時通常不會抽菸，而是把菸弄熄或者任其自然，這與一般人的想法剛好相反；而在憤怒時則常常會大口大口地吸菸。

高EQ、懂得吸引聽眾的說話者，總是會一邊說一邊仔細觀察聽眾是否保持著興趣。一旦聽眾有厭煩的表現，他就會立即改變話題或說話的方式，注入新的內容，使聽眾持續維持注意力。

那麼，如何知道他人是否已經厭煩呢？高EQ者常會利用以下這些線索作出有效的判斷。

如果聽者以手在桌上叩擊出單調的節奏，或者用筆桿敲打桌面，同時腳跟在地板上打拍子，或抖動腳，或用腳尖輕拍，節奏並不中途停止，而是不斷地達達作響，是在告訴你：他對你所講的話感到厭煩。

有的人聽著聽著會慢慢地手扶著頭，視線朝下，似乎對你不屑一顧，這也是不耐煩的表現。

有的人則會順手拿出一張紙，在上面亂塗亂畫，塗畫之餘，還會欣賞自己的作品，這也是對你說的話缺乏興趣的表現。

有的人也許會凝視著你，但你可千萬別上當。若仔細觀察，你會發現他目光空洞，對你視而不見，眼神木然無神，眼皮幾乎眨都不眨，似乎在睜著眼睛睡覺，這表明他已是恍恍惚惚，心不在焉。

■服飾：自我的延伸

過去，人們的穿著遵守一定的原則，依據職業不同而穿不同的服裝。例如：日本工匠穿著印有商號的外衣、中國古代的學子秀才以青衿作為標誌等。服裝首要的功能，是標誌穿著者的社會地位和職業。

如今，人們的服裝不見得能讓人看出職業或經濟能力，而是以表現穿著者個性為優先。反過來說，人的內心比過去更直接地表現在穿著上。如此一來，服裝便成為研究內心分析法的另一種管道。

「衣服是第二皮膚」，服裝能非常清楚地表現出人的性格和心理狀態。

人原本是赤身裸體的，為了將肉體隱藏起來才穿上衣服。不過，穿上衣服反而暴露了自己的內心，因為人們為自己選擇的服裝，表現出從赤裸的肉體上無法窺知的內心情緒。

從這層意義上來說，衣服是人不可分割的一部分，甚至可以代表穿著者的自我。

自我暴露在外表上，心理學稱之為「延長自我」。根據這項理論，人穿上衣服、戴上裝飾品，便暴露出自己的內心。

喜歡穿著華美服裝的人，懷有很強烈的自我顯示欲，同時可能具有歇斯底里的性格，這種人對於金錢的欲望特別強烈。

此外，有些人習慣打素色的領帶或是不打領帶，愛用素色的物品，他們可能自我意識很強。

有些人的穿著十分樸素，個性上往往較能適應他人。不過，有些人格外注重特定的部分，例如領帶或襪子，他們可能在某方面格外堅持自己的主張。

也有些人重視某部分的打扮，是為了要掩飾自己外型上的若干缺陷。例如，有些女性喜愛穿迷你裙，是因為對自己容貌缺乏信心；有些男性由於嚴重的禿頭，而故意穿上豪華的鞋襪，藉以顯示自己的優點。這種類型的人對於自己的弱點，滿懷著矛盾的心理。

此外，有一種人則保持中間立場，適度地根據流行而改變衣著，選擇適合自己的部分，他們能適度地尊重自己的主張。有時候，某些人會因為情況不同而改變嗜好，甚至穿起完全沒有經過選擇的服裝，這顯然是情緒不安所致。他們有意脫離單調的工作，希望過著富有變化的生活，表示逃避現實的心理。

假如某人一直穿著固定格調的衣服，有一天卻突然改穿完全不同於平時的服裝，例如平時穿著固定樣式與格調的西裝，卻忽然改穿夾克和鮮豔的休閒長褲，甚至改換完全不同顏色的領帶，於是引起同事的好奇：「他今天有什麼事嗎？」

其實，他們很可能是因為受到某種強烈的刺激，使想法發生變化。

為何口是心非，都是「反向作用」的心理在作祟

人們為了不讓外人知道自己的內心活動，並不直接表露感情。你看到的表情不一定是他內心情緒的真實表達。

人內心的情感活動時常顯露在表情上，這一點任何人都體驗過。一有高興的事，面部肌肉就自然鬆弛，而遇到悲傷的事，就變成一副要流淚的樣子，有時表情甚至比言語更能明顯地傳達出內心的活動。

從表情窺探他人的內心秘密這件事說來簡單，實際上並不容易。美國心理學者奧古斯特・拜亞曾經做過實驗，讓幾個人用表情表現憤怒、恐怖、誘惑、漠不關心、幸

福、悲哀這六種感情，並用錄影機錄下來，再讓人們猜這些表情分別代表哪種感情。結果平均每人只有兩種判斷是正確的，當表現者做出的是憤怒的表情時，看的人卻可能看成是悲哀的表情。

更棘手的是，為了不讓別人知道自己的內心活動，人們並不直接表露感情。你看到的表情，其實不一定是他內心情緒的真實表達。

在商業談判中，對方笑容可掬地聽著你說話，臉上一副似乎要接受的表情，你心想談判可能要成功了。不料他卻說：「你們提供的條件確實很好，不過，不好意思，這次我不能同意」等婉言謝絕的話。這時，你會感覺像是被人從頭上潑了一盆冷水似的。

很多時候，人們會刻意壓抑自己的情感表現，縱使情緒很激動，但會偽裝成毫無表情，或者故意裝出某種相反的表情，所以如何去探測對方在表情下隱藏的真實情緒，也很考驗個人的EQ。

一位推銷百科全書的業務員在這方面很有經驗，他說：「當我把百科全書的樣本交給購書商後，在他默默翻閱百科全書的內容時，就是決定成交與否的關鍵時刻。

「這時候，我會目不轉睛地注視他的面容，並且比起坐在對方面前，我更喜歡坐在他身旁。因為坐在旁邊比較容易看見對方臉上的肌肉變化，大致上在他的臉上已經能看出買與不買的決斷。

「顧客雖然會有意不讓臉上呈現表情的變化，但總會出現很有趣的表情，所以有經驗的推銷員總是能捕捉到這些細微之處，看穿對方的內心決策，並採取相應的推銷手段和談判技巧。」

其實對人們來說，要佯裝一種與感情不符的表情並非易事。美國的戲劇學校有一門學科，就是要在激發內心某種情緒後，在臉上製造出異於此種情緒的表情，舉例來說，縱然內心感到憤怒，卻依然要笑臉迎人。

要把這種表情訓練得運用自如是十分困難的，據說經常有學生因為修這門課而變得神經質。

有的人竭力壓抑自己的情緒，裝出一副無表情的面孔。許多人都對這樣的人感到十分頭痛。**其實，沒有表情並不等於情緒就不外露。因為內心的活動，倘若不呈現在臉部的肌肉上，往往會以其他不自然的方式表現出來。**

有些員工不滿主管或上層的言行，卻又敢怒不敢言，只好故意裝出一副面無表情的樣子。事實上，不管如何壓抑憤怒感情，內心的不滿依然很強烈，此時如果仔細觀察他的面孔，會發現他的臉色不對勁。人們經常把這種木然的面孔稱為「死人似的面孔」，也就是說他像死人一樣面無表情，神色漠然。

這種面孔是不自然的表現。雖然他們努力使自己喜怒不形於色，但倘若內心情緒強度增加，眼睛往往會馬上瞪得很大，鼻孔會顯出皺紋，或在臉上出現抽筋現象。所以，如果你察覺到某人臉上忽然抽筋，表示他內心正陷入激烈的情緒衝突中。

如果碰到這種人，最好不要直接指責他，或者當場給他難堪。當看到部屬臉色蒼白、臉部抽筋時，主管最好這樣說：「最近是不是心情不好，如果你有什麼不快，不妨說出來聽聽」，以設法安撫部屬竭力壓抑的情緒。

部屬死板的面孔或抽筋的表情，暗示你們的上下級關係正陷入低潮，這時最好開誠佈公地交換意見，以消除誤解，改善雙方的關係。

有時候，漠不關心的表情，也可能代表具有好意或是愛意的表現。尤其是女性，倘若太露骨地表現自己的愛意，似乎為常情所不容許，於是常常表露出相反的表情，裝出一副毫不在乎對方的樣子，其實骨子裡卻是十分在意的。

當雙方互相陷入強烈的敵意和反感時，倘若在對方面前表現出排斥的態度，不但會給對方帶來不愉快，甚至還會進一步惡化雙方關係，乃至出現社會不容許的破壞行為。於是，交惡的雙方會刻意在對方面前，擺出偽裝的笑容和親切的態度，這種情況在心理學上稱為「反向作用」。

關於這一點，最好的例子就是夫妻吵架。當彼此間的不和諧達到激昂狀態時，不快樂的表情反而會逐漸消失，最後呈現出笑臉，態度上顯得卑屈而親切。所以，提出離婚的夫妻彼此越是彬彬有禮，代表他們彼此之間不可調解的矛盾越深。

曾經有一位負責採訪明星的記者說，想瞭解影視界的夫妻關係是否協調並非難事，只要注意他們上電視綜藝節目、現場節目及家庭訪談時的表現即可。如果他們不斷表現出十分愉快的表情，或者一直特別強調夫妻的協調狀況，就表示他們之間很可能已出現危機，表面上的和諧不過是一種不協調的面具或信號。

溝通小秘訣

1. 想正確地瞭解別人的心理，請避免用自己的觀點來解說從別人身上看到的現象。
2. 同一個問題可以用不同的方式表達，選擇適合的問題發問，有助於瞭解對方。
3. 人們在生活中扮演的各種角色並非都能清楚地加以區分，角色間可能會有重疊，因此必須恰當地把握各角色言行舉止的分寸。
4. 學習瞭解他人所思、所想、所感，根據對方的心理活動採取相應的對策，便能獲得良好的人際關係，取得較大的成功。
5. 溝通要讓對方感覺自己被接受、被瞭解，細心地揣摩對方的心理和情緒，你就能說服和影響他。
6. 同情要以自覺為基礎，越能坦誠面對自己的內心情感，越能準確閱讀別人的感受。
7. 真正的傾聽者富於同情心，願意分享他人的弱點，傾聽不愉快的情緒，因此深受人們喜愛。
8. 要洞察對方的深層心理，有必要瞭解語言以外的情緒表現，例如姿態、動作、表情、服飾、語調等。

9. 內心的活動倘若不呈現在臉部的肌肉上，往往會以其他不自然的方式表現出來。

10. 當雙方互相陷入強烈的敵意和反感時，可能會刻意擺出偽裝的笑容和親切的態度，這種情況在心理學上稱為「反向作用」。

NOTE

NOTE

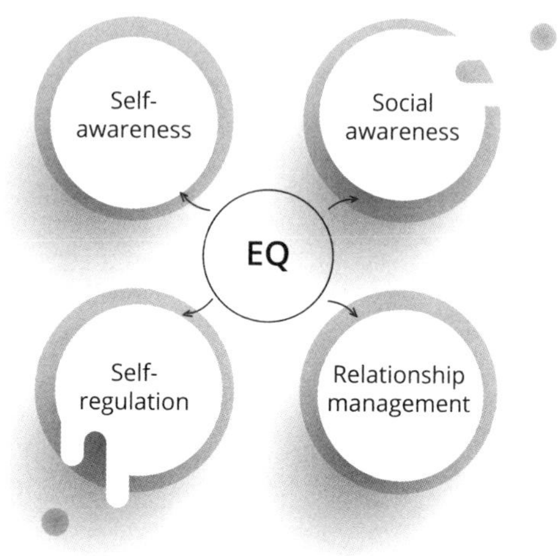
Self-
awareness
Social
awareness
EQ
Self-
regulation
Relationship
management

03

天天練習精準溝通，發揮你的強大影響力

高 EQ 者最顯著的表現之一，

就是透過嫻熟的交際和溝通能力，

對他人造成強大的影響力。

他遊刃有餘地影響自己的上級、下級、朋友、同事等人，最終成就自己。

練習1

打造良好的社交關係不僅需要技巧，更需要「發自內心」

過於看重社交技巧的人把社交當成技巧性的遊戲，他們的社交行為往往是出賣自我、喪失自我。為了社交，他們犧牲內在的真實情感和自己的價值觀念，這是不可取的。

■情感：人際關係的基礎

人際關係最重要的特點是具有情感的基礎。人與人之間的親近與疏遠、合作與競爭、友好或敵對等，都是心理上距離遠近的表現形式，具有情感的色彩。

個體、群體間的好感或反感，反映出個體或群體的社會需求在情感體驗上是否得到滿足。

人際關係由多種成分構成，其中最主要的成分是相互認同，情感相容，行為相近。如此一來，才能產生人際吸引，形成良好的人際關係。

相互認同，是透過知覺、表象、想像、思維、注意和記憶等由淺入深、由表及裡的認識活動而實現的。人們透過訊息的交流取得相互瞭解，滿足交往的需求時，才能使情感相容、行動一致。

因此，相互認同在人際關係中是首要的心理因素，人與人之間的心理距離，往往與彼此相互認同的程度密切相關。在群體中，人際關係不可能始終如一，永恆不變。即使長期心心相印、志同道合，其心理也並非是等距離的。

情感相容可表現為彼此喜愛、親切、同情、熱心、照顧等形式。凡是能驅使人們接近、合作、聯繫的情感，都稱為「結合性情感」。

結合性情感越強烈，彼此之間越相容。相反地，凡是能使人們分離的情感，如憎恨、厭惡、冷淡、不滿等，稱之為「分離性情感」。分離性情感越強烈，彼此之間則越不相容。

因此，情感相容的人際關係具有重大的作用，社會心理學家十分重視情感成分，把它視作人際關係形成的基礎。行為相近是指彼此言行舉止、交往動作、角色地位、儀表風度等人際行為模式類同。

人與人之間的行為模式越近似，越容易產生和形成人際關係，因此行為動作也是構成人際關係系統的重要成分。由相互認同、情感相容、行為相近這三方面構成的人際關係系統，對於個性的全面發展、維護心理健康，以及保持正常的社會生活、促進社會進步，都具有巨大的積極影響。

■不做社交變色龍

社交能力好的人往往善於控制自己的情緒，懂得因應對方的反應，隨時微調自己的表現，以達到預期的效果。善於人際溝通的高手，實際上與高明的演員無異。

然而，你必須清楚掌握個人的需求，才不至於成為善於交際卻空洞的人，雖廣受歡迎，內心卻空虛無主。人際關係是一種技巧，社交往來需要技巧，但空有技巧是不行的。

人際關係建立的過程，實際上就是個人成長和性格形成的過程。

性格成熟的人擁有良好的人際關係。歷史上許多功勳卓著的領導者，往往都有良好的人際關係，但這種關係並不是靠技巧來建立，而是憑藉他們高尚的人格、近乎完善的性格，以及超人的智慧和才能。

當然，他們也講究處理人際關係的技巧，但這些技巧與他們本身具備的優點相比，是微不足道的。

過於看重社交技巧的人將社交視為技巧性的遊戲，他們的社交行為往往是出賣自我、喪失自我。為了社交，他們犧牲內在的真實情感和自己的價值觀念，這是不可取的。

這類人可稱為高明的社交變色龍，他們極善於提升自我形象，自我觀感迥異於自己營造的形象。為了獲取讚許，不惜說一套做一套，藏身於自己的大眾形象與真實自我的裂谷中。

社交變色龍會先觀測對方的期望再作回應，而不會坦承心中的感受，而且會為了維持良好的關係，故意對自己不喜歡的人表示友善。這種人通常能給人絕佳的印象，但極少有穩定而滿意的親密關係。但是，他們當中有些人，能在忠於自我與社交技巧之間取得平衡。

在不同的情況下，他們可能有判若兩人（或多人）的表現，一會兒是活潑的花蝴蝶，一會兒是保守的謙謙君子。當然，某些行業確實需要這樣的技巧，例如演藝界、法律、銷售、外交、政治等。

有些人會成為隨波逐流的變色龍，但有些人卻能在社交技巧與真實情感之間取得平衡，關鍵因素在於是否能忠於自我。也就是說，無論如何都要堅持內心深處的感受與價值觀，甚至可能為了揭穿謊言不惜與人對立，而這種勇氣正是變色龍所缺乏的。

當社交技巧僅流於表面的往來技巧時，使用起來往往生硬而笨拙，必須把社交技巧融入真實情感和穩定性格之中，才能在社交中充分應用與表現，獲得最佳的人際關係和社交效果。

練習2

曼德拉凝聚人心的秘訣，在於「幽默的大智慧」

幽默輕鬆表達出人類征服憂愁的能力。布笑施歡令人如沐春風，神清氣爽，困頓全消。在人際關係中，幽默感實在是一種豐富的養料。

在一次南部非洲發展共同體的首腦會議上，南非前總統曼德拉出席並獲頒「卡馬勳章」，表彰他對南非自由與和平的貢獻。接受勳章時，曼德拉發表精彩的演講，在開場白中幽默地說：「這個講臺是為總統們設立的，我這個退休老人今天上臺講話，搶了總統的鏡頭，我們的總統姆貝基一定不高興。」話音剛落，笑聲四起。

在笑聲過後，曼德拉開始正式發言。講到一半，他把講稿的頁次弄亂了，不得不翻過來看。

這本來是一件有些尷尬的事情，但他卻毫不在意，一邊翻一邊脫口而出：「我把講稿的次序弄亂了，你們要原諒一個老人。不過，我知道在座的一位總統，在一次發言中也把講稿頁次弄亂了，而他卻不知道，照樣往下念。」這時，整個會場哄堂大笑。

結束講話前，他又說：「感謝你們授予我這個用博茨瓦納老人的名字（指博茨瓦納開國總統卡馬）命名的勳章，我現在退休在家，如果哪一天沒有錢花了，我就把這個勳章拿到大街上去賣。我敢肯定在座有個人會出高價收購，他就是我們的總統姆貝基。」這時，姆貝基情不自禁地笑出聲來，連連拍手鼓掌。會場裡掌聲一片。

這就是幽默的魅力，它能拉近演講者和傾聽者之間的心理距離，不僅消除偉人的神秘感，更顯示出曼德拉高超的智慧和人際溝通能力。

離開總統職位後，他依然以和平大使的身份活躍在國際舞臺上。為什麼八十多歲高齡的曼德拉能夠保持身體健康、精神矍鑠、青春常在？

世間沒有青春的甘泉，也沒有不老的秘訣。曼德拉之所以擁有永遠的青春，是因為他在豐富的人生閱歷中提煉出大智慧，在苦難的折磨中咀嚼出大幽默。

八十多歲的曼德拉有著一顆八歲孩子的童心，在會見拳王路易斯時，他表示自己年輕時也是拳擊愛好者。於是路易斯故意指著自己的下巴讓他打，他笑著做出拳擊的姿勢。

旁邊的人便接著問他：「假如您年輕時與路易斯在場上交鋒，您能取勝嗎？」他則回答：「我可不想年紀輕輕的就去送死。」

正是在這一連串毫不做作的幽默中，曼德拉展現出他耀眼的人格魅力。他周圍總是吸引許多同事和戰友，包括他的親人。

二十多年的牢獄之苦、風刀雪劍的嚴酷相逼，曼德拉都用幽默來應對。

一九七五年，獄中的曼德拉首次被允許與女兒津齊妮見面。曼德拉入獄時，女兒只有三歲，再次會見時已經是十五歲的大姑娘。

曼德拉特意穿上一件漂亮的新襯衣，他不想讓女兒感到自己是個衰弱的老人。他知道，對女兒來說，自己是她不真正瞭解的父親，見到他一定會感到手足無措。

當女兒走進探視室時，他的第一句話是：「你看到我的衛兵了嗎？」然後指了指寸步不離的看守。女兒微笑了，氣氛頓時輕鬆起來。

曼德拉告訴女兒，他經常回憶起以前的情景，他甚至提起，有一個星期天，他讓女兒坐在腿上，給她講故事。

透過探視室的小玻璃窗戶，曼德拉發現女兒眼中噙著淚花。津齊妮後來描述這次見面時，特意強調曼德拉性格中風趣幽默的一面：「正是父親的這種幽默，讓我這個原本並不瞭解他的女兒，和他一下子貼近許多。」

幽默是人際往來的潤滑劑，是高EQ的表現，它可以使人笑著面對矛盾，輕鬆釋放尷尬。幽默是一種機智地處理複雜問題的應變能力，往往比單純的說教、訓斥或嘲弄更能給人啟發。

善於發現幽默的機會是心胸豁達的表現。當人們能做到寬容，就會忽略惡意和偏執，讓自己輕鬆，同時給別人寬容。真正的優越感不是來自於爭執時占上風，而是來自於對別人的寬容。有了這種輕鬆的豁達，幽默感自會產生。

幽默是一種優美、健康的特質，使生活充滿情趣，對心理影響巨大。哪裡有幽默，哪裡就有活躍的氣氛。相較於鬱鬱寡歡、孤僻離群的人，人們更樂於與談吐不俗、機智風趣者來往。

幽默能緩解矛盾，使人們融洽和諧。生活中，人與人之間常會發生各種摩擦，有時甚至劍拔弩張，弄得不可收拾，而一句得體的幽默，往往能幫助衝突雙方擺脫尷尬的境地。

一天，幽默大師蕭伯納在街上散步時，一輛自行車突然駛過來，雙方躲閃不及，都跌倒了。

蕭伯納笑著對騎車者說：「先生，您比我更不幸。要是您再加點勁，那就可成為撞死蕭伯納的好漢而永遠名垂史冊啦！」兩人握手道別，沒有絲毫難堪。

幽默輕鬆表現出人類征服憂愁的能力，布笑施歡令人如沐春風，神清氣爽，困頓全消。在精神世界裡，幽默感實在是一種豐富的養料。

幽默來自智慧，也來自品格。

在政治抗爭的過程中，曼德拉曾被判處終身監禁，並囚禁在素有「死亡島」之稱的羅本島監獄中。在孤島上，即使環境條件惡劣，曼德拉仍堅持每天晨間鍛鍊，每天見到清潔工人都會開幾句玩笑。愁眉苦臉的獄警百思不得其解：這個被終身監禁的囚犯，為什麼每天都能保持微笑？獄警哪能理解，在曼德拉的幽默後面，有比金剛石還要堅硬的信念。

幽默的人擁有高EQ，能夠為朋友帶來無比的歡樂，並且在人際交往中增加魅力，因而備受歡迎。有些人天生就充滿幽默細胞，但並不是說沒有這種稟賦的人，就會一輩子刻板嚴肅。幽默感是可以訓練、培養的。

那麼，如何訓練幽默感呢？首先，要積累幽默的素材。如果你不能即興幽默，不如大量地看漫畫和笑話，從中體會幽默的感覺，久而久之，便可自己製造幽默，或是至少能夠學習運用看來的笑話。此外，可體會別人的幽默感，然後模仿一番。

其次，必須敞開自己的心胸。就好比讓陽光灑進屋子一般，嘗試接受各種不同的人事物，這一切將在你的心中留下痕跡，成為幽默感的酵母。

再來，必須保持愉快的心情。愉快的心情是幽默感的土壤，如果你心情沉鬱，老是想一些不快樂的事情，怎能製造出幽默感呢？

最後，有意幽默時不妨以自己為對象。幽默大部分都和人有關係，有時你對他人開玩笑，但幽默的分寸卻不好把握，因此不如以自己為對象，一方面不得罪人，另一方面讓他人瞭解你是個心胸寬廣、易於相處的人。

不過有一點必須注意，發揮你的幽默感時，必須看場合和對象，最好避免粗俗的幽默，否則就不是幽默，而是鬧笑話。

幽默與刻薄常常因聽者的心情與立場不同，而產生不同的反應。

幽默可以使人歡笑，但若使用不當卻會使人不悅。因此，幽默高手在講述笑語時，總是顧及聽者的心情與尊嚴，避免過度的譏笑與嘲弄，否則自以為是幽默的笑話，一不小心擦槍走火，反而冒犯他人，得不償失。

西方哲人說：「幽默是用來逗人發笑，而不是用來刺傷人心。」

幽默對自我控制、自我調整及提高團隊的情緒有著極大的幫助。一項美國研究證明，在你發揮幽默感的時候，自我感覺會變得更好。所以，不妨大膽地運用幽默來緩釋你的緊張情緒，並盡量展露真誠的微笑。

練習3

懂得「寬恕」不是為了別人，而是讓自己更幸福

有隻腳踩扁紫羅蘭，它卻把香味留在腳底上，這就是寬恕。

寬容，給你一個廣闊的天地

物換星移，涓涓細流終匯成大瀑布，峽谷的形成更增添群山的壯觀與魅力，自然界有著一顆寬容博大的心。

心理學家指出，寬容不是軟弱的象徵，適度的寬容對改善人際關係和身心健康都有助益。大量事實證明，過於苛求別人或自己的人，必定處於緊張的心理狀態中。一

旦寬恕別人之後，心理上便會經過一次巨大的轉變和淨化過程，不僅使人際關係出現新的轉機，也得以免去諸多憂愁煩悶。

寬容，意味著你不會再為他人的錯誤而懲罰自己。

寬容地對待你的敵人、仇家、對手，在非原則的問題上，以大局為重，將獲得退一步海闊天空的喜悅、化干戈為玉帛的喜悅，以及人與人之間相互理解的喜悅。

在這個世界上，每個人走著自己的生命之路，但紛紛攘攘，難免有碰撞和衝突，如果冤冤相報，非但無法撫平心中的創傷，甚至會給受傷的心撒上一把鹽。

寬容能包容人世間的喜怒哀樂，也能使人踏上光明磊落的坦途。只有寬容，才能癒合不愉快的創傷，並消除緊繃的情緒。

寬容，首先包括對自己的寬容。只有對自己寬容的人，才有可能對別人也寬容。人的煩惱一半源於自己，寬容地對待自己，就能心平氣和地工作、生活，這種心境是生存的良好狀態。

如果僅因一語齟齬，便遭打擊；一事唐突，便種下禍根；一個壞印象，便一輩子倒楣，這便稱不上寬容，而是胸懷狹隘。

真正的寬容應該是既能容人之短，又能容人之長。對才能超過自己的人，不應嫉妒，唯求「青出於藍而勝於藍」，熱心舉賢，甘做人梯，這種精神將為世人稱道。自己偶有過失，亦不必灰心喪氣、一蹶不振，同樣也應該寬容和接納自己，並努力從中汲取教訓、引以為戒，取人之長補己之短，重新揚起人生的風帆。

寬容意味著擁有良好的心理外殼，對人對己都可成為一種無需投資便能獲得的精神補品。學會寬容不僅有益於身心健康，而且對贏得友誼、保持家庭和睦、保證婚姻美滿，乃至成就事業都不可或缺。

因此，人人都要有一顆寬容的愛心，它往往折射出處世的經驗、待人的藝術、良好的涵養。

處處寬容別人絕不是軟弱，也不是面對現實的無可奈何。寬容是人生的一種哲學，是高EQ者的一件法寶。在短暫的生命歷程中，學會寬容意味著生活更加快樂。

擁有一顆寬恕的心

格蘭的禮品店向來很早開門。這天早晨，格蘭靜靜地坐在櫃檯後，欣賞著店裡各式各樣的禮品和鮮花。

忽然，店門被推開了，走進一位年輕人。他的臉色顯得陰沉，瀏覽著店裡的禮品和鮮花，最後將視線固定在一個精緻的水晶烏龜上面。

「先生，請問您想買這件禮品嗎？」格蘭親切地問。然而年輕人的目光依舊很冰冷。

「這件禮品多少錢？」年輕人問。

「兩百五十元。」格蘭回答道。

年輕人聽格蘭說完後，伸手掏出兩百五十元錢甩在櫃檯上。

格蘭很納悶，自從禮品店開業以來，她還從沒遇到過這樣豪爽、慷慨的買主。

「先生，您想將這個禮品送給誰呢？」格蘭試探地問了一句。

「送給我的新娘，我們明天就要結婚了。」年輕人依舊面色冰冷地回答道。

格蘭心中更加訝異：怎麼會送一隻烏龜給新娘？這豈不是給他們的婚姻安上一顆定時炸彈？

格蘭想了一會，對年輕人說：「先生，這件禮品一定要好好包裝一下，才能給新娘帶來更大的驚喜。可是今天這裡沒有包裝盒了，請您明天早晨再來取好嗎？我一定會利用晚上的時間為您趕製漂亮的新禮品盒……。」

「謝謝你！」年輕人說完轉身走了。

第二天清晨，年輕人取走格蘭為他趕製的精緻禮品盒後，匆匆地來到結婚禮堂，但新郎卻不是他，而是另外一個年輕人！

他快步跑到新娘跟前，雙手將精緻的禮品盒捧給她，而後轉身迅速地跑回家中，焦急地等待新娘憤怒與責怪的電話。在等待中，他的淚水撲簌簌地流了下來，有些後悔自己不該這樣做。

傍晚，婚禮剛剛結束的新娘給他打來電話：「謝謝你，謝謝你送我這樣好的禮物，謝謝你終於能原諒我了……。」

新娘的態度既高興又感激。年輕人萬分疑惑，他什麼也沒說，便掛斷了電話。他似乎明白了什麼，迅速地跑到格蘭的禮品店。推開門，他驚奇地發現，在禮品店的櫥窗裡，依舊靜靜地躺著那隻精緻的水晶烏龜！

年輕人明白了一切，他靜靜地望著格蘭，而格蘭依舊靜靜地坐在櫃檯後，朝著年輕人微笑。年輕人冰冷的面孔終於在此時瓦解，轉變為感激與尊敬：「謝謝你！你讓我找回了自己。」

格蘭將水晶烏龜這樣一件定時炸彈般的禮品，換成一對代表幸福和快樂的鴛鴦，竟在這短短的時間內，最大限度地改變一個人冰冷的內心世界。

給人一點寬恕，將帶給對方重新獲取新生的勇氣，並能期待人生中的另一個幸福時刻。

人們常在腦中預設一道界線，如果有人越過界線，便會引起怨恨。其實，別人可能對你設置的規定毫不在意，甚至完全不知道它的存在，你去怨恨，不是很可笑嗎？

大多數人都以為，只要不原諒對方，就能讓對方得到教訓，也就是說：「只要我不原諒你，你就沒有好日子過。」但其實倒楣的人是自己，因為一肚子窩囊氣，甚至連覺也睡不好。

在怨恨某人時，你不妨閉上眼睛，體會一下內心的感覺，會發現讓別人自覺有罪，你也不會快樂。

當你無法放下對他人的怒火，一心想著要讓對方感到愧疚時，請想想：無論他是否感到愧疚，對你其實並沒有任何影響，但這份怒氣卻會破壞你的生活。生活中不會事事由人，若有颱風帶來強雨，使你家地下室變成一片汪洋，你能說「我永遠也不原諒天氣」嗎？既然如此，為什麼要怨恨別人呢？

我們無法控制風雨，也同樣無權控制他人，所有對別人的埋怨、責備都是人自己造出來的。你或許會問：「如果有人做了一件非常惡劣的事，我還要原諒他嗎？」

一九八七年七月，山迪陷入痛苦的深淵。一名精神病患者持槍衝進他家，射殺三個花樣年華的女兒，這場悲劇使山迪內心充滿悲憤。

隨著時間的流逝，山迪在朋友的勸慰下體會到，要使自己的生活步入常軌，唯一的辦法是拋開憤怒，原諒那名兇手。於是他拋下怨憤、寬恕兇手，並把所有時間用來幫助別人以獲得心靈的平靜。山迪這樣做並非為了使兇手快樂，而是為了自己，寬恕使他能夠重拾平靜的生活。

練習4

懂得真正的「給予」，會讓付出者獲得更多

先有捨，才能得，捨與得緊緊地聯繫在一起。在人生的長河中，人們常常面臨著捨與得的考驗。

一名旅行者在茫茫沙漠中迷路，驕陽似火，酷暑難耐。沒有水，他饑渴難忍，死亡時刻向他逼近。他在心裡暗暗地提醒自己：一定要堅持到最後一刻，設法找到水源。

憑著強烈的求生本能，他在沙漠中艱難地跋涉著。最後，他終於發現一塊小石板，旁邊設有一座汲水機。他迫不及待，使勁地抽水，卻怎麼也抽不上來。

正在他心灰意冷、懊喪不已時，卻意外地發現旁邊還有一個蓋著塞的水壺。他拿起水壺正準備一飲而盡，忽然看到上面寫著這樣幾行字：「旅行者，在你發現這個水壺時，它也許只剩下半壺水。把這半壺水灌進汲水機中，井裡才能打出水來。記住，走之前把水壺灌滿。」

他小心地拔開塞子，果然看到半壺清水。望著水，他不禁猶豫，是馬上倒進乾渴的喉嚨？還是照紙上所寫倒進汲水機？如果倒進汲水機卻打不出水來，自己豈不是得渴死？

最後，他果斷地拿起水壺倒進汲水機，然後果然打出清冽的泉水。

旅行者痛快地喝了個夠，心裡洋溢起一股由衷的幸福感。休息一會兒，他把水壺裝滿水蓋上塞子，並在紙條上加了幾句話：「請相信我，這件事是真的，你必須先捨得半壺水，才能打出滿壺的水來。」

一位高僧說：「捨得、捨得，只有捨，才能得。」捨與得緊緊地聯繫在一起。在人生的長河中，人們常常面臨著捨與得的考驗。

給予和接受存在於一切人際關係之中。給予產生接受，接受又產生給予。上升之物必會降落，輸出的也必定會回歸。每一顆種子都蘊涵千木成林的諾言，但是不能把種子儲存起來，必須還之於肥沃的土地。給予越多，獲得越豐。

靈性思想家狄帕克．喬布拉說：「生命中一切有價值的東西，只有在給予時才能產生增值。若你在給予別人時感到若有所失，便不是真心誠意的給予，也不會帶來增值。如果你勉為其難地給予，這種給予便失去意義。你在給予和接受當中所懷的意願是最為重要的，應該同時為給予者和接受者創造出快樂。」

當你能做到無條件地真誠給予時，回報才能成正比。給予必須是充滿快樂的，如此一來，在給予時產生的能量就會成倍地增長。

在漆黑的夜晚，一位僧人看見巷子深處有盞小燈籠在晃動，身旁的人說：「瞎子過來了。」

僧人百思不得其解，問那個盲人：「既然您什麼也看不見，為何挑一盞燈籠呢？」

盲人說：「黑夜裡，滿世界的人都看不見，所以我點燃一盞燈。」

僧人若有所悟：「原來您是為別人照明呀！」

盲人卻說：「不，也是為我自己。雖然我是盲人，但我挑著這盞燈籠，既為別人照亮路，也讓別人看到我，這樣他們就不會在黑暗中撞到我。」

其實道理就這麼簡單：給予別人時，自己同樣有所獲得。只想借光而不挑燈，那麼你的人生將永遠在黑暗中穿行。

練習給予的方法易如反掌：如果你需要快樂，就先給予別人快樂；如果你渴求愛，就先學會對別人付出愛；如果你期望別人的關注和欣賞，就先學會對別人關注和欣賞；如果你想在物質上富有，就先幫助別人富有起來。

事實上，得到最簡易的方法，就是讓別人得到他們想要的。這個原則同樣適用於個人、公司、社會和國家。如果你想幸福地擁有生命中一切美好的東西，請先學會祝福每個人都如意。

高EQ者往往在人生中收穫更多，正是由於他們懂得給予的意義。

練習5

一個簡單的「微笑」，就能讓生活更美好

微笑具有強大的情緒感染力，是一個非常主動的信號，這比因應別人情緒要求而作出的反應要有力得多。微笑還能代替言語傳達一個訊息：你是能接受我的微笑的人。

看守與微笑的囚徒

尼爾森是一位優秀的飛行員，曾有一段不尋常的經歷。在某次戰爭中，他不幸被俘入獄，並在獄中學會抽菸。有一次他想抽菸，卻沒有找到火柴。無可奈何之下，尼

爾森鼓足勇氣向看守借火。看守氣勢洶洶地打量他一眼，冷漠地拿出火柴。

當看守走過來幫尼爾森點火時，兩人的目光無意中接觸了。尼爾森下意識地朝著看守微微一笑，他也不知道自己為何要微笑，也許是顯示友好吧。然而，就在這一剎那，這抹微笑打破兩人心靈之間的隔閡。

看守受到微笑的感染，臉上也露出一抹不易覺察的微笑。他點完火後並沒有立刻離開牢房，眼睛和善地看著尼爾森，眼神也少了不久前的戾氣，臉上仍然帶著微笑，尼爾森也以微笑回應，彷彿他是自己的朋友。

「你有小孩嗎？」看守先開口問。

「有，你看。」尼爾森拿出皮夾，手忙腳亂地翻出全家福照片。看守也掏出照片，開始講述他與家人的故事。此時，尼爾森的眼中充滿淚水，說他害怕再也見不到家人，怕沒有機會看到孩子長大……。

看守聽了以後也流下兩行眼淚，隨後突然打開牢門，悄悄帶尼爾森從後面的小路逃離監獄。他示意尼爾森盡快離去，之後便轉身離開，沒有留下一句話。

許多年後，尼爾森回憶說，如果不是那個微笑，他不知能不能活著離開監獄。微笑竟然救了他一命。

真誠的微笑如春風化雨，潤人心扉。微笑者給人的印象是熱情、富於同情心和善解人意。你在出門前對鏡子笑一下，能使自己獲得好心情和動力。

微笑其實很簡單，沒有人富有到不需要微笑，也沒有人窮到給不出一個微笑。

笑容能表現出高EQ，照亮所有看到它的人。

對整日眉頭深鎖、愁容滿面的人來說，笑容就像穿過烏雲的太陽。一個笑容能讓正因外界壓力而喘不過氣的人瞭解到，一切都是有希望的，世界上仍然存在歡樂。

在卡耐基的書中，有一段關於微笑的文字：

它不花什麼，卻創造許多成果。

它使接受的人感到滿足，而不會使給予的人變得貧苦。

它產生在一剎那之間，有時卻留給人永遠的記憶。

沒有人富得不需要它，也沒有人窮得不擁有它。

它在家中創造快樂，在商界建立好感，而且是朋友間的親切問候。

它是疲倦者的休息、沮喪者的光明、悲傷者的希望，又是大自然的最佳良藥。

但它卻無處可買，無處可求，無處可借，無處可偷，因為在你把它給予別人之前，沒有實用的價值。

假如在聖誕節最後一分鐘的匆忙購物中，店員累得無法給你微笑時，請你留下一個微笑。

不能給予微笑的人，最需要微笑了！

因此，如果你要別人喜歡你，請遵守這一條規則：微笑。

從心底發出的微笑能傳達許多情緒訊息，它似乎在對人說：「我喜歡你，我是你的朋友，也請你喜歡我。」

微笑具有強大的情緒感染力，是非常主動的信號，這比因應別人情緒要求而作出的反應更加有力。微笑還能代替言語傳達一個訊息：你是能接受我的微笑的人。

如果你對他人微笑，對方往往會回報友好的笑臉，在這回應式的微笑背後，有一層更深的意義，那便是對方想用微笑告訴你，你讓他體會到幸福。

微笑使對方感覺到自己值得他人表示好感，於是產生受肯定的幸福感。如此一來，他也會快樂地對你微笑，這便是為什麼微笑容易感染人的原因。

密西根大學心理學教授詹姆士·麥克尼爾的研究表明，比起緊繃臉孔的人，面帶笑容的人在經營、推銷以及教育等方面更容易取得成效。**笑臉比緊繃的面孔藏有更豐富的訊息，因此更有感染力，更有可能在人際互動中佔據主動。**

師生、夫妻、親子、以及上下級之間莫不如此。研究表明，團體成員若能對彼此微笑，他們的動作與生理反應將更加協調，並感到相處融洽、愉快而且情緒高昂。

既然微笑有這麼大的魅力，為何許多人習慣繃著臉，不輕易對人展示笑容呢？其中主要的原因，是他們想抑制住內心的真實感情。他們從小便接受這樣的觀念：「向他人洩露真實情感是不成熟的表現，並且讓人感到羞恥與尷尬。」

因此，許多人努力把情感深深地隱藏起來，不讓人洞悉自己的內心世界，久而久之，面部肌肉僵硬，不僅不懂得如何快樂微笑，並且對任何人都擺出一副撲克臉，這樣的人自然不受歡迎。

具有感染力的微笑往往發自內心而真誠。那麼，如何產生具有感染力的笑容呢？

每天清晨洗臉時，順便對著鏡子練習。多想一些愉快，或令你有成就感的事物，並學會把這種感情表現在臉上。

帶著愉悅的心情，收緊下巴，深深地呼吸，抬頭向前，走出家門。碰到朋友時以笑臉相迎，握手時要用力。不必擔心會遭到誤解和嘲笑，並在內心不斷重複快樂的信念。這樣，你周圍的人或事便會如你期待的一般順心合意。

微笑能夠改變他人的情緒與反應，只要每天早晨站在鏡子前面練習微笑，在短時間內你的性格就會有所改變，你會發現自己漸漸地能夠傳達情緒，並且影響他人，建立友好的關係。

微笑可以產生放鬆的身體狀態，而放鬆的身體與緊張的情緒將互相排斥。因此，當你綻開笑容，愉快的情緒便會隨之而來。

美國著名的心理學家、哲學家威廉・詹姆士曾說過：「動作與感情並行，動作可以由意志直接控制，但是感情卻不行，必須先調整動作，才能夠間接地調整感情。我們是因為跑而害怕，因為笑而愉快。」

感情若沒有伴隨動作，將顯得空洞而支離破碎，微笑這個動作可喚起友好的情感。瞭解笑容的生理與心理基礎後，微笑就變得容易多了。

讚美別人時，微笑會使得你的讚美詞更加有分量；懇求別人時，微笑會使對方無法拒絕你；接受別人的幫助時，微笑會幫你表達加倍的謝意；當你無意中傷害別人時，微笑會替你傳達善意，減輕對方的痛苦。

微笑在人際往來中，能夠傳遞具有影響力的積極情緒，具有不容忽視的作用。它大大地提高你的人際EQ。那麼，從今天起開始微笑吧。

讓人們看到你最美麗的一面

微笑可以幫我們扭轉氣氛，它是友好的標誌、是融合的橋樑。微笑能夠化干戈為玉帛，協調人與人之間的關係，更能創造快樂的氣氛。

有位顧客從食品店裡購買一袋食品，打開一看，都發霉了。他怒氣衝衝地找上店員：「你們店裡賣的什麼東西？都發霉了！你們這不是拿顧客的健康開玩笑嗎？」

幾位顧客聞聲而來，店員卻面帶笑容，連聲說：「對不起，對不起！沒有想到食品會壞，是我工作失誤，非常感謝您給我們指出來，您是退錢還是另換一袋呢？」一面對誠懇的微笑，顧客還能說些什麼呢？

微笑是一種尋求和解的武器，一對鬧翻的朋友偶然碰面，兩人先是很尷尬，最後都微笑了，他們彼此握手，不用言語，一切不歡皆散去。

在難以用語言表達心境的情況下，笑是最好的交流工具。不懂得利用微笑價值的人，實在是相當不幸。微笑在交往中能發揮極大的效果，無論在家裡、辦公室，甚至在路上遇見朋友，只要你不吝微笑，便能立刻顯示出你優秀的一面。

對於高EQ者來說，微笑不可缺少。有一天，布恩去拜訪一位客戶，遺憾的是，他們沒有達成協議。布恩為此感到苦惱，回公司後把事情的經過告訴經理。

經理耐心地聽完布恩的講述，然後說：「你不妨再去一次，但要調整好自己的心態，要時刻記住運用你的微笑打動對方，讓他看出你的誠意。」

布恩試著照做，把自己表現得很快樂、很真誠，微笑一直洋溢在他的臉上。結果對方也被他的微笑感染，很愉快地簽訂下協議。

布恩已經結婚十八年了，他每天在家與妻子相處時，很少對妻子笑，或對她說幾句溫存的話。既然微笑能在商業活動中發揮如此大的作用，布恩決定在家中也試一試。

第二天早上，布恩把臉上的愁容一掃而空，對著妻子微笑。吃早餐時，他向妻子問候：「早安，親愛的！」這令妻子驚愕不已。從此以後，布恩在家得到的幸福比過去任何時候都多。

布恩上班時，對大樓門口的電梯管理員微笑，也跟大樓門口的保安熱情地打招呼。他站在交易所時，也對著從未謀面的顧客微笑。布恩很快就發現，每一個人也同時對他報以微笑。他以愉悅的態度對待滿腹牢騷的人，一面聽他們的牢騷，一面保持微笑，於是問題就變得容易解決。

由微笑開始，布恩學會賞識和讚美，不再蔑視他人。他停止談論自己的需求，試著從別人的觀點來看事情。這一切改變他的生活，使他變成一個完全不同的人，不僅變得更加快樂，也在友誼和幸福方面獲得滿足。

微笑是ＥＱ的美麗外衣，能照亮所有看到它的人。

用微笑解決問題

所有的人都希望別人用微笑來迎接自己，而不是橫眉冷漠以對，冷漠阻礙心靈的溝通和思想的交流。所以，許多公司在招聘員工時，以面帶微笑為第一條件，他們希望自己的職員臉上掛著笑容，把自己和公司推銷出去。

美國聯合航空公司宣稱，他們帶給顧客是友善、微笑的天空。的確如此，他們的微笑不僅在天上，從地面便已經開始。

珍妮參加美國聯合航空公司的招聘，令她驚訝的是，面試時主試者在講話時總是故意把身體轉過去背對著她。這位主試者並不是不懂禮貌，而是在嘗試從聲音來感覺珍妮的微笑，因為珍妮應徵的工作是電話客服員，工作內容有關預約、取消、更換或確定飛機航行班次等事項。

主試者微笑著對珍妮說：「小姐，你被錄取了。你最大的資本是臉上的微笑，你要在將來的工作中充分運用它，讓每一位顧客都能從電話中體會出你的微笑。」

雖然在工作時，大部分的顧客可能並不會看見她的微笑，但他們透過電話，可以感受到珍妮的微笑一直伴隨著他們。

一個真心的微笑，不管是從眼睛看到，或從聲音裡聽到，都是一個很好的開端。微笑甚至能夠使人獲得成功。有一次，底特律的哥堡大廳舉行一場巨大的遊艇展，人們蜂擁而至，選購各種船隻。在展覽中，一位來自中東的富翁對站在他面前的業務員說：「我想買一艘價值兩千萬美元的遊艇。」

對業務員來說，這是求之不得的好事。然而，那位業務員只把對方當作瘋子，他冷冷地看著富翁，臉上沒有一絲笑容，也對他的要求不予理睬。富翁無趣地離開展臺，走到另一艘陳列的遊艇前，這次他受到一位年輕業務員的熱情接待。

業務員臉上滿是熱情的微笑，富翁受他的熱情感染，對他說：「我要一艘價值兩千萬美元的遊艇！」業務員依然帶著微笑說道：「好的，我為您介紹我們的系列遊艇。」就這麼簡單，這位面帶微笑的年輕業務員做了一筆大買賣。

富翁很快便簽了一張五百萬美元的支票作為訂金，他對這位推銷員說：「你很優秀，不但推銷你的產品，還用微笑推銷自己。明天我會帶一張兩千萬美元的保付支票過來。」

微笑的影響力十分巨大，即使肉眼無法看到。某家美國電話公司建議人們在接電話時要保持笑容，如此一來，你的笑容將透過聲音傳達給對方。微笑真是無價之寶，不僅能讓你建立良好的人緣，更能帶來獲得財富和成功的機會。

練習6

偉大的企業家都懂得適時「讚美」身邊人，因為……

EQ高和懂得移情的人總是記得，別人的讚賞曾經給予他們多麼大的快樂；他們也總是記得，在委靡不振時，別人的一句讚美曾給予他們多大的幫助。

■高EQ者贏得信賴的法寶

某個雷電交加的暴風雨夜，蒸汽渡輪「埃爾金淑女號」撞上一艘滿載木材的貨輪。渡輪漸漸沉沒，三百九十三名乘客全部掉入密西根湖中，拼命掙扎著等待救援。

一位名叫史賓塞的年輕人奮勇跳入冰冷的湖水中，一次又一次救出溺水者。當他從寒徹入骨的湖水中救出第十七個人後，終於因筋疲力盡而虛脫，再也無法站起來。從此以後，他在輪椅上度過餘生。

多年後，一家報紙採訪他，問到那晚之後最難忘的是什麼，史賓塞的回答出人意料：「十七個人當中，竟沒有一個人向我說聲謝謝。」

那位因奮力救人而把自己餘生放進輪椅的青年，所要的不僅是一聲「謝謝」，而是對自己人格和行為的讚美，然而他失望了。把心中的讚美說出來，也許因為你一句讚美的話，就會有一個人不必懷著破碎的心和受傷的靈魂入睡。

讚美和認可在人際往來中也很重要，是打開影響力通道的第一步。人們對於讚揚和認可總是不設防的，一句簡單又看似無心的讚揚，往往就是良好關係的開端，人與人的距離由此而拉近。

在施加影響的過程中，讚美總是能有效地發揮激勵和調節情緒的作用。當別人自卑時，用他的優點鼓勵他；當別人犯下過失時，用讚揚使其恢復自信和自尊，以此建立患難真情；當別人內心產生牴觸時，嘗試用讚美減少對立。

讚揚別人是給予的過程，EQ高且具有同理心的人總是記得，別人的讚賞曾經給予他們多麼大的快樂；在委靡不振時，別人的讚美又曾給予他們多麼大的幫助。

他們同樣記得，別人的讚揚，曾經多麼神奇地幫助自己克服自卑情結，並藉此認識到，周圍的人也都渴望別人的欣賞和讚揚。所以，聰明的人從不吝惜對別人說出自己真誠的讚美。

能夠慷慨給予別人讚美和認可的人，一定具有充分的自信。他們從不認為讚美別人是助長他人氣勢，也從不擔心給予別人照明會遮住自己的光，因為他堅信自己是太陽，是光和熱的源泉，所以從不吝惜給予別人溫暖，用自己的光來照亮別人。他可以創造一個充滿鼓勵的環境，令人們身在其中都能感到舒暢開懷。

英國石油公司的前總裁布朗勳爵因受到上級層層提拔，很快便進入CEO的候選班子，然後榮升公司的總裁職務。後來，英國石油公司在世界石油市場上獨佔鰲頭，他立下汗馬功勞。

在很多場合下，布朗勛爵將自己的成績歸功於前任總裁，因為是前任總裁選拔自己，並讓他獨當一面。於是有人問前任總裁，當時是如何相中他。

前任總裁回答說：「布朗總能在許多出色的人之中脫穎而出，並且總能吸引許多出色的人到他身邊，從來不怕待在聰明人群中。顯然，他總有信心自己能夠成為其中最出色的，而且他更知道如何利用自己的讚美來網羅優秀的人才。」

讚美要讓他人知道，只有表達出來的讚美才能感染別人的情緒。讚美以真誠為基礎，是對別人的付出表示敬佩或謝意的方式。恭維是假的，就像假鈔一樣，如果你要使用，最後總會使自己惹上麻煩。

讚賞和恭維之間到底有什麼區別呢？很簡單，一個是真誠的，另一個卻是不真誠的；一個是發自內心，另一個則出自牙縫；一個為天下人所喜歡，另一個為天下人所不齒。

在墨西哥城的查普特佩克城堡內，矗立著奧布里岡將軍的半身像，其下方刻著奧布里岡將軍的智慧之語：「別擔心攻擊你的敵人，而該擔心恭維你的朋友。」

白金漢宮的書房牆上，展示著英國國王喬治五世留下的六句格言，其中有一句是：「教我如何不對人奉承，也不接受廉價的讚美。」恭維就是廉價的讚美。

讚美絕不是單方面的給予和付出，而是學習別人優點的過程，有助於與人交流時的和諧溝通，更有利於培養心胸氣度。在讚美聲中，傳遞的是情感和思想，表達的是善意和熱情，化解的是有意無意之間形成的隔閡與摩擦。

在讚美聲中，別人的精神感染著你，別人的榜樣鼓舞著你，送一點讚美給別人，你的世界會一片燦爛。

讚美猶如空氣，沒有空氣，人類無法生存。人類最渴望的就是精神上的滿足，也就是獲得瞭解、肯定和賞識。對人來說，讚美就如同溫暖的陽光，缺少陽光，生命將無法綻放。

當你發現別人的長處時，不妨大膽地告訴他。嘉勉要誠懇，讚美要大方，切記務必真誠而不虛偽。每個人都有優點，讚美別人會使得對方各方面的情緒得到激勵，進而向你展示最好的一面，發揮出他最大的優勢。

如果每個人都可以把這一點做得很好，相信人與人之間的矛盾將會減少，關係也會融洽很多。同時，也有助於更進一步地學習別人的優點和長處，使自己在各方面獲得完善和提高。

■給管理者的忠告：讚美

洛克菲勒說過：「想充分發揮員工的才能，方法是讚美和鼓勵。一個成功的領導者，應當學會如何真誠地去讚許他人，引導他們工作。我總是深惡挑他人的錯誤，而從不吝惜說他人的好處。事實也證明，企業的任何一項成就，都是在受到嘉獎的氣氛下取得的。」

真誠地讚賞他人，是洛克菲勒取得成功的秘訣之一。有一次，洛克菲勒的合作夥伴在一宗南美的生意中，使公司蒙受一百萬美元的損失。

在這樣的情況下，洛克菲勒不但沒有責備他，反而告訴他：「你能保住投資的六〇%已是很不容易的事。」這令合作夥伴大為感動。在第二次的合作中，他取得大筆利潤，足以彌補上次的損失。

許多心理實驗證實，讚揚對於強化行為具有重要的作用。因此，它是激勵員工的有效手段之一。從EQ的角度來說，讚美可使他人處於積極愉快的情緒狀態。對於每個人來說，最基本的情感需求便是受到他人的肯定、尊重，企業的員工當然也不例外。

經濟學家查爾斯．尼古拉斯曾對數千名業務員和管理人員進行調查，要求他們依次回答：對業務員來說，什麼是最為重要的因素？結果，業務員幾乎毫無例外地選擇「工作成績被肯定」這一點，但管理者卻認為它頂多只能排在第七位。雙方認識上的差異顯而易見。

調查結果還表明，管理人員若對員工的功勞給予恰當的重視與肯定，管理績效也會較好。為何有些管理者吝惜給予讚美？心理學家指出，有些人吝於讚美部屬，是因為缺乏同理心這種情緒能力。

在過去的觀念中，企業管理階層中握有實權的人，必定擅長操縱控制他人，並且深信競爭的殘酷。

然而現今的企業界發生巨大變化，理性至上的管理風格已不再適用於日益國際化、資訊化和科技化的企業。和諧的人際關係、團結合作的企業精神、高昂飽滿的士氣，成為未來企業的特徵，因此EQ正是市場競爭制勝的新法寶。

許多企業管理人員認為，刻意花心思瞭解部屬的內心感受是荒謬而不理智的，這會影響到企業目標的實現。他們相信：管理員工必須在情感上保持距離，藉此樹立威信。

其實，真正有影響力的管理人員，不僅具備必要的ＥＱ素質，更擁有能左右他人情緒、態度與行為的人際ＥＱ。領導者必須有能力做出更人性化的決策，才能使決策真正獲得執行。

那麼，身為一個管理者，在讚美員工時需要注意哪些技巧？

首先，應當注意分寸。員工都具有分辨力，虛假、誇大的讚美往往會產生相反的效果，不僅無法保持領導者的威嚴，更無法發揮激勵的作用。

其次，讚美要具體，也就是針對員工的特定工作進行表揚。管理者應該說的是：「你今天的會議記錄做得很好」、「你提出的報告很有創造性與建設性」，而不是「今天你的表現很好」。

養成讚美員工行為表現的習慣，不僅能避免領導者因偏見或袒護而產生判斷上的誤導，也可使員工明白自己哪種做法是正確的。若能舉出員工具有的個性優點，更能產生激勵的效果。

讚揚要公開化，這與批評要私下進行恰好相反，但道理卻是同樣的。讚揚一定要及時，及時的回饋是強化行為的關鍵環節。

想讓他人做你期望他做的事，最好的辦法是讓他自己主動想做這件事。讚美能讓你做到這一點，可見得讚美對於企業管理者來說是多麼重要！

練習7

獲得鼓勵時，要記得給予「正面的回饋」！

鼓勵能夠傳遞，受到鼓勵後再去鼓勵別人，便能形成鼓勵的連鎖，人與人之間的關係將大為改善。

美國有一家專門生產精密儀器和自動控制設備的公司，創業初期曾在技術改造上碰到難題，若不及時解決將會影響企業生存。一天晚上，正當公司總裁為此冥思苦想時，一位科學家闖進辦公室，闡述他的解決辦法。

總裁聽罷，覺得其構思確實非同一般，便立即給予言語上的鼓勵。除此之外，他覺得還應該給予物質上的鼓勵，於是在抽屜中翻了老半天，好不容易找到一件東西，便躬身遞給科學家說：「這個給您！」

這東西僅是一根香蕉，是總裁當時能找到的唯一獎品，而科學家大為感動，因為這項微不足道的獎品，象徵他的成果已獲得上級的承認。這項獎品從此以後成為該公司的慣例，每當有技術人員攻克重大技術難題時，便會頒發一枚香蕉形狀的金別針以資鼓勵。

當時，公司總裁即使手邊沒有別的東西，只有一根香蕉也要拿出來作為鼓勵獎品，這樣做至少有兩個好處。

第一，員工的行為受到肯定後，有利於重複這項受到期許的行為。這就像小孩學走路時，即使跨出的第一步姿態並不美觀標準，大人仍應該立即鼓勵他走出第二步、第三步，直到他真正學會走路為止。

第二，使公司其他員工看到，只要按制度要求去做，就會立刻受到鼓勵，這表示公司具有可信賴的制度和管理階級，促使大家爭相努力，藉以獲得肯定性的鼓勵和獎賞。

人們在處於情緒低落期時，格外需要鼓勵。心理學家分析，情緒會影響人們的行為，情緒越低落，越無法將注意力投注在當下正在進行的事物上，導致手邊的任務完成度更加低落，這會讓當事人進一步產生無能感，陷入更低落的情緒之中。

此時，若有一句鼓勵的話，人們便會再次產生信心，重新評估自己的能力，並審視眼前必須進行的任務。當情緒狀態及注意力提升後，大腦的活動水準因此提高，幫助人們更妥善地將眼前的工作做到位。

鼓勵是一種能改變、引導他人情緒狀態的有效方法。有位哲人曾說過：「如果你想在不引起反感的情況下改變他人，那麼鼓勵將是一帖最佳良藥。它能輕易促進對方去做你希望他做的事。」

你鼓勵什麼就得到什麼，接受鼓勵時的表現，將影響再獲得鼓勵的機會。想要得到更多的鼓勵，就要對鼓勵你的行為加以鼓勵，也就是給予正面的回饋。

例如，當別人說：「你選擇的衣服很適合你」，若你回答：「不，這簡直是破爛」，你將難以再從此人口中聽到讚美之詞。

女士對男士說：「你從來沒有說過你愛我。」男士在壓力下馬上說：「我愛你。」女士卻說：「你撒謊。」可想而知，以後該男士再難以把愛說出口。

老闆給員工漲了五%的工資，員工卻抱怨：「那也叫漲工資？」結果以後可能一點都不會再漲。

所以，對鼓勵你的行為給予鼓勵，你將受到更多的鼓勵。混沌理論說：任何微小的變化，只要不斷地進行下去，就能造成巨大的改變。

鼓勵也是可以傳遞的，當你受到鼓勵時，心情就會變好；心情好的時候，會對別人寬容，於是嘉獎別人。如果你希望獲得更多的鼓勵，就要先主動鼓勵別人，藉此形成鼓勵的連鎖，如此一來，人與人之間的關係將大為改善，創造充滿鼓勵的良好氛圍。

練習8

影響他人情緒的第一步，是培養「高敏感的能力」

成功的領導者和表演者，能夠使千萬人隨著他的情緒共舞，拙於傳遞或接收情緒訊息的人，在人際關係互動上總是窒礙難行。

越南戰爭初期，一個排的美國士兵在一處稻田邊與越軍激戰，這時突然出現六位和尚，排成一列走過田埂，毫不理會猛烈的炮火，十分鎮定地一步步穿過戰場。

參加過這場戰鬥的美國兵大衛．布西回憶道：「這群和尚目不斜視地筆直走過去，奇怪的是竟然沒有人向他們射擊。他們走過去以後，我突然覺得毫無戰鬥情緒，至少那一天是如此。其他人一定也有同樣的感覺，因為大家不約而同地停了下來，就這樣休兵一天。」

這些和尚的處變不驚，竟在激戰正酣時澆熄士兵的戰火，這正顯示人際關係的一個基本定理：**情緒會互相感染。**

這當然是個極端的例子，一般來說，情緒表現並不會像戰爭一樣直接，而是隱藏在人際往來的種種交流當中。每次接觸都會使人們的情緒相互交流感染，彷彿一股不絕如縷的心靈暗流。

這種交流往往細微到幾乎無法察覺，當然並不是每次交流都很愉快，譬如說，同樣一句「謝謝」，可能給你各種不同的感受，像是憤怒、感覺受忽略、真正受歡迎、真誠感謝等。情緒的感染是如此無所不在，簡直讓人歎為觀止。

在每一次人際接觸當中，人們都在不斷傳遞情感的訊息，並以此訊息影響對方，社交技巧越高明的人越能自如地掌握這種訊息。社交禮儀其實是在預防不當的情感流露破壞人際關係和諧，但將這種禮儀運用在親情關係上，必然讓人感到窒息。

事實上，每個人都能成為其他人的情感轉變機制，可能令人心情變好，也可能使人感覺惡劣。**情感的收放是EQ的一部分，受歡迎或個性迷人的人往往能將情感收放**

自如，因此讓人樂於與他們相處。善於安撫他人情緒的人更握有豐富的社交資源，人們陷入情感困境時，必然會求助於他。

情緒的感染通常難以察覺，專家曾做過一項簡單的實驗，請兩位實驗者各自寫出當時的心情，然後讓他們相對靜坐等候研究人員到來。

兩分鐘後，研究人員來了，這時再請他們寫出自己的心情。注意這兩位實驗者是經過特別挑選，一位極善於表達情感，另一位則是喜怒不形於色。實驗結果，後者的情緒總是會受前者感染，每一次都是如此。

這種神奇的情感傳遞是如何發生的呢？

人們會在無意識中模仿他人的情感表現，諸如表情、手勢、語調及其他非語言的形式，藉此在心中重塑對方的情緒。這有點像俄國戲劇大師史坦尼斯拉夫斯基所倡導的「形體動作方法」，要求演員回憶產生某種強烈情感時的表情動作，以便重新喚起同樣的情感。

日常生活的情感模擬難以察覺，研究者發現，當人們看到一張微笑的臉時，會感染同樣的情緒，這可以從臉部肌肉的細微改變獲得證明，但這種改變往往無法以肉眼辨識，必須透過電子儀器才能測出來。

情緒的傳遞通常都是由表情豐富的一方，傳遞給較不豐富的一方。有些人特別易於受感染，是因為他們的自主神經系統非常敏感，看到煽情的影片動輒掉淚，和愉快的人笑談片刻便會受到感染，這種人通常也較易產生同情心。

俄亥俄州立大學社會心理學家約翰·卡喬波，在這方面有相當深入的研究。他指出，看到別人表達情感時，會引發產生相同的情緒，儘管你並不自覺自己正在模仿對方的表情。這種情緒的鼓動、傳遞與協調，無時無刻不在進行，人際關係互動能否順利，便取決於這種情緒的協調。

觀察兩個人談話時身體動作的協調程度，可瞭解他們彼此之間情感的和諧度。諸如適時的點頭表示贊同、兩人同時改變坐姿，或是一方向另一方傾斜，甚至可能是兩個人以同樣的節奏搖動椅子。

動作的協調有利於情緒的傳遞，即使是負面的情緒也不例外。奧勒岡大學心理學家法蘭克·柏尼瑞做過以下的實驗：請心情沮喪的女士攜同男友到實驗室討論兩人的情感問題，結果發現，兩人的肢體動作越是一致，討論完後男友的情緒便會顯得越糟，由此可見，肢體動作的協調度與情緒的傳遞具有正相關。

師生之間也有類似的情形，研究顯示，上課時師生的動作越協調，彼此的感覺越融洽、愉快而興致高昂。

一般而言，動作的高度協調表示互動的雙方彼此喜歡。柏尼瑞表示：「你與某人相處感覺是否自在，其實與生理反應有關，雙方動作協調才會覺得自在。」

簡單來說，情緒的協調是建立人際關係的基礎，人際關係的好壞與情感協調能力大有關聯。**如果你善於順應他人的情緒或使別人順應你的步調，人際關係互動必然更加順暢。**

成功的領導者和表演者，能夠使千萬人隨著他的情緒共舞，但拙於傳遞或接收情緒資訊的人，在人際關係互動上總是窒礙難行，因為別人與其相處時往往容易感到不自在，雖然他們可能說不出任何理由。

人際互動中決定情感步調的人，自然居於主導地位，能夠影響對方的情感狀態。

譬如說，對跳舞中的兩個人而言，音樂便是他們的生物時鐘。在人際關係互動上，情感的主導地位通常屬於較善於表達或較有權力的人。一般來說，主導者會比較多話，交流時另一個人則時常觀察主導者的表情。

高明的演說家、政治家或傳道者，都相當擅長帶動觀眾的情緒，誇張地說，就是調控對方的情緒於股掌之間，這正是影響力的本質。

練習9

遇到憤怒的人別急著說理，可以運用「同情心」……

面對憤怒的人，最有效的方式就是轉移他的注意力，對他的感受表現同情心，進而引導他產生愉悅的感受。

如果說，安撫他人痛苦的情緒是社交技巧的表現，那麼妥善對待一個盛怒中的人，可能是高難度的ＥＱ表現。

泰瑞．道森的故事就是極佳的例子。一九五〇年代，道森離開美國去日本東京學習合氣道。一天下午，他乘坐地鐵回家時，遇到一個酒氣沖天的壯碩男子，臉色陰沉沉地彷彿要打架滋事。

這個人一上車來就跌跌撞撞，只見他高聲咒罵，把一個懷抱嬰兒的婦女撞到跌在一對老夫婦身上，乘客嚇得紛紛奔逃到車廂另一端，害怕得屏息不敢出聲。

醉漢又繼續衝撞別人，但因醉得太厲害而失去理智，甚至緊抓住車廂正中央的鐵柱，大吼一聲想將它連根拔起。

道森每天練八小時的合氣道，體能正處於最佳狀況，因此他覺得自己應該挺身而出，制裁這個醉漢，以免其他人無辜受傷。在其他乘客都不敢動彈時，道森霍地站了起來。

醉漢一看見他便吼道：「好啊，這個外國佬，教你認識認識日本禮儀！」接著便作勢準備出擊。

就在此時，突然有人發出洪亮而愉快的聲音，彷彿是好友久別相逢的欣喜：「嗨！」醉漢驚奇地轉過身，只見那是一位年約七十歲身著和服的矮小日本老人。老人滿臉笑容地對醉漢招手說：「你過來一下！」

醉漢大踏步地走過去，怒道：「憑什麼要我跟你說話？」道森目不轉睛地注意醉漢的動作，準備情況不對時立刻衝過去。

「你喝的是什麼酒？」老人眼睛充滿笑意地望著醉漢。

「我喝清酒，關你什麼事？」醉漢依舊大吼大叫。

「太好了！太好了！」老人熱切地說：「我也喜歡喝清酒。每天晚上我都和妻子溫一小瓶清酒，拿到花園，坐在木板凳上一起欣賞日落的景象，還有我祖父種的柿子樹。我真擔心那棵老樹是否能熬過冰雪寒冬，沒想到經過大雪後，它卻長得更繁茂了……。」

聽著老人的閒聊，醉漢的臉色漸漸柔和起來，緊握的拳頭也鬆開了：「我也喜歡柿子樹。」他的聲音越來越小。

這時老人愉快地問他：「你一定也有個不錯的妻子吧！」

「不，她過世了……。」醉漢哽咽地開始說起他的悲傷故事，傾訴自己如何失去妻子、家庭和工作，如何感到自慚形穢。老人鼓勵醉漢把所有的心事都說出來，只見醉漢斜倚在椅子上，頭幾乎埋在老人懷裡。

老人和藹的態度不僅成功化解醉漢的怒氣，也讓道森受益良多。他反省自己原先自以為護衛世間安全正義的心態，體悟到愛的真諦，從此練武的精神不變。

情緒可以感染，憤怒可以控制。面對憤怒的人，最有效的方式可能是轉移他的注意力，對他的感受表現出無比的同情心，進而引導他產生較愉悅的感受。這種柔軟的力量如同四兩撥千斤，能使你在溝通時事半功倍。這就是高ＥＱ的精彩表現。

練習10

想要獲得他人的好感，不如先從「記住並喊出對方名字」開始！

高EQ者往往能夠快速地贏得他人的好感，與人建立良好的關係，這是因為他們懂得展示自己性格的魅力。

■ 對別人感興趣

人人都希望自己能受到別人的歡迎，但要做到這一點卻並非易事。如果只想在別人面前表現自己，使別人對你感興趣，你將永遠難以結交到許多誠摯的朋友。真正的朋友，不是以這種方式來交往。

維也納著名心理學家阿爾弗雷德．阿德勒在《生命對你意味著什麼》一書中提及：「人若是不對別人感興趣，不僅一生中困難最多，對別人傷害也最大。所有人類的失敗都出於這種人。」

霍華．哲斯頓被公認為魔術師中的魔術師，在世界各地巡迴演出四十年，一再地創造幻象迷惑觀眾，令觀眾驚奇得目不轉睛。哲斯頓從未受過正規的學校教育，他從小時候便離家出走四處流浪，搭貨車、睡穀堆、沿門求乞，藉著坐在車中向外看著鐵道沿線上的標誌來逐漸識字。

有人請教哲斯頓成功的秘訣，問他的魔術是否特別高超，他卻說魔術類的書已經有好幾百本，而且許多魔術師跟他懂得一樣多，只是他有兩項訣竅是其他人沒有的。其一，他能在舞臺上顯現出自己的情感個性。他是一位表演大師，瞭解人類天性，所作所為、每個手勢與語氣，甚至是每一次眉毛上揚的動作，都在事前仔細地預練過，而他的動作也配合得分秒不差。

更重要的是，哲斯頓對別人感興趣。許多魔術師會看著觀眾，對自己說：「坐在底下的人都是一群傻子、笨蛋，我可以把他們騙得團團轉」，但哲斯頓完全不同。他每次一走上台，就對自己說：「我很感激這些人來看表演，我要把最高明的手法表演給他們看。」

對觀眾感興趣，就是這位有史以來最著名魔術師的成功秘方。

如果你想交朋友，就要以愉快和熱誠的情緒去迎合別人。當你接電話時，聲音要顯出你很高興能接到他的電話。紐約電話公司在訓練他們的接線生時，也要求語氣要表現出愉快的心情：「您好，我很高興為您服務。」

如果你希望受到別人的喜愛，就要抓住其中的訣竅：瞭解對方的興趣，聊天時談論對方喜歡的話題。

許多曾經拜訪過老羅斯福的人，都會驚訝於他的博學。不論你是什麼職業的人，他都能針對你的特長來談話。其實這個道理很簡單，當老羅斯福知道訪客的特殊興趣後，會研讀這方面的資料作為話題，因為他知道，抓住人心的最佳方法就是談論對方感興趣的事情。

華特爾是紐約市一家大銀行的員工，奉命寫一篇重要的機密報告，他知道某公司董事長擁有自己需要的資料。當他前去與董事長會面時，正巧聽見秘書對董事長說，她今天沒有郵票可給他。

「我在為我十二歲的兒子蒐集郵票。」董事長對華特爾解釋道。

華特爾說明過來意後開始提出問題，然而董事長的說法卻顯得含糊而模棱兩可。很顯然，這次見面沒有實際效果。華特爾突然想起董事長感興趣的郵票，並且想到銀行的外事部能夠提供郵票，因為他們經常收到從世界各地寄來的信件。

第二天早上，華特爾再去找董事長：「我有一些郵票要送給您的孩子，不知道他是否喜歡。」

「噢，當然。」董事長滿臉帶著笑意，態度十分客氣。

董事長對他帶來的郵票充滿興趣，他們花一個小時談論郵票，然後董事長把自己所知的全都告訴華特爾，使他順利獲得所需的全部資料，甚至找部屬來補充事實和數據資料。

對一件事感興趣是關注，帶有感情的關注則是關切。關切與其他人際關係一樣，必須以誠摯為前提。關切是條雙向道，它的施予者和接受者都會受益。

金斯柏在十歲時，曾遇到一位護士，她的關切之情深深地影響他的一生。他說：

「那天是感恩節，我住在一家市立醫院，預計將在隔天動一次大手術。我父親已去世，我和母親住在小公寓裡靠社會福利金維持生計，而那天母親剛好不能來看我。

「我完全被寂寞、失望、恐懼的感覺壓倒，母親也正在家裡為我擔心。她孤零零一個人，沒人陪伴吃飯，甚至沒錢吃一頓感恩節晚餐。眼淚在我的眼眶裡打轉，我把頭埋進枕頭下暗自哭泣，全身都因痛苦而顫抖著。

「一位年輕的實習護士聽到我的哭聲，就過來看看。她把枕頭從我頭上拿開，拭去我的眼淚，並告訴我她也非常寂寞，因為今天無法跟家人在一起，還問我願不願意和她共進晚餐。

「隨後她拿兩盤食物進來，有火雞片、馬鈴薯、草莓醬和冰淇淋甜點。她陪我聊天，試著消除我的恐懼，雖然她本應四點就下班，卻一直陪我到將近十一點，和我玩、聊天，等到我睡著才離開。

「一生中，我過了許多感恩節，但這個感恩節令我永生難忘。我清楚地記得當時沮喪、恐懼、孤寂的感覺，突然因一個陌生人的溫情而全部消失。」

所以，在與人相處時，你要盡量讓他明白，他是個重要人物。任何人都喜歡欣賞

和關心自己的人，並且需要別人對自己感興趣。

對其他人事物感興趣，不只能使人感到愉快，也對自己有益處。有位企業董事長不相信「寒窗苦讀就能成名」這句古訓，他說：「人必須對自己的事業很感興趣，否則將難以成功。有些人曾經因為創業時滿懷興趣而成功，後來卻變成工作的奴隸，不僅喪失對工作的興趣，甚至再也無法從中找到成就感，因此失敗了。」

確實，要想從工作中獲得成就感和滿足感，必須有長久的興趣。如果你能做到這一點，便能培養出真正的敬業精神，進而讓工作更順遂、更快樂。

■記住別人的名字

推銷員李維準備拜訪一位名字非常難念的顧客，他名叫尼古德瑪斯．帕帕都拉斯，別人通常都簡略地稱作「尼古」。李維在登門拜訪前，刻意用心練習念過幾遍他的名字。

當李維用全名向對方打招呼：「早安，尼古德瑪斯．帕帕都拉斯先生」時，對方呆住了，好幾分鐘都沒有答話。最後，眼淚滾下他的雙頰：「李維先生，我在這個國家待了十五年，從沒有一個人會試著用我真正的名字來稱呼我。」

記住別人的名字很重要，記住對方的名字並把它叫出來，等於給對方一個巧妙的讚美。若是忘記或寫錯對方的名字，在人際往來中會對你非常不利。

有時候要記住一個人的名字很困難，尤其當它不太好念時。一般人都不願意花時間去記憶，心想：「算了！就叫他的小名吧，也比較容易記住。」

卡內基被稱為鋼鐵大王，但他創業之初對鋼鐵的製造懂得不多，他手下好幾百人都比他瞭解鋼鐵。當時，卡內基可能記不住各類鋼材的型號，但他能記住不少部屬的名字。

卡內基在十歲時，就發現人們把自己的姓名看得十分重要，於是利用這項發現來贏得別人的合作。他孩提時代居住在蘇格蘭時，曾經抓到一隻母兔，沒多久就生下整整一窩的小兔子，但他沒有東西餵食。

他對附近的孩子說，如果他們找到足夠的苜蓿和蒲公英來餵飽兔子，就以他們的名字來替兔子命名。這個方法非常靈驗，使卡內基一生都無法忘記。

好幾年後，他利用同樣方法在商業界獲得極大成功。他希望把鋼鐵軌道賣給賓夕法尼亞鐵路局，局長的名字是艾格．湯姆森。因此，卡內基在匹茲堡建立一座巨大的鋼鐵工廠，取名為「艾格．湯姆森鋼鐵工廠」。他用這個方法，成功地將自家產品推銷給賓夕法尼亞鐵路局。

記住及重視朋友和商業往來人士名字這個方法，是卡內基領導才能的秘密之一，他十分自豪於能夠叫出許多員工的名字。當他親任主管時，鋼鐵廠從未發生過罷工事件。

德州商業股份有限銀行的董事長班頓拉夫認為：公司愈大就愈冷酷，唯一能使它溫暖一點的辦法，就是記住人的名字。他說：「假如有個經理告訴我，他無法記住別人的名字，等於無法勝任重要的工作，因為這就像在流沙上工作一樣。」

凱倫．柯希是環球航空公司的空中服務員，她經常練習記住機艙裡旅客的名字，並在服務時稱呼他們的名字，這使得她備受讚許。

有位旅客曾為此寫信給環球航空公司表示：「我很久沒有搭乘環球航空公司的飛機，但我決定往後只搭你們的飛機。這是因為你們的服務員讓人感覺環球航空公司就像是自己的私人公司一樣，這對我有很重要的意義。」

人們都對自己的名字感到自豪，許多人甚至不惜以任何代價使自己的名字永垂不朽。幾個世紀以來，許多貴族和企業家會資助藝術家，除了對藝術的熱愛以外，也藉由收藏並捐贈這些藝術作品來留名青史。

為了使後世記住自己的名字，許多收藏家將所藏捐獻出來並建立公共設施。紐約公共圖書館目前仍存有曾為美國首富的阿斯特和藏書家雷諾斯的藏書，大都會博物館保存百貨巨頭班傑明．奧特曼和銀行家J．P．摩根的名字。此外，許多教堂也裝上彩色玻璃窗，藉以紀念捐贈者的名字。

多數人不記得別人的名字，只因為不肯花必要的時間和精力來專心地把名字記在心中，而美國前總統小羅斯福願意花時間去記憶並說出每個人的名字，即使是只見過一次的汽車機師。

小羅斯福知道：想博取他人好感，最單純、最明顯、最重要的方法就是記住他人的姓名，使他人覺得受到尊重。但我們有多少人這麼做呢？

當我們被介紹給陌生人，閒聊幾句後說再見時，往往都已不記得對方的名字。

政治家必須學習的第一課是：記住選民的名字就是政治才能，記不住代表心不在焉。記住他人姓名這件事，無論是在商業界、政治界或是社交上都極為重要。

拿破崙的侄兒、法國皇帝拿破崙三世曾得意地表示，即使自己日理萬機，仍然能夠記得每一個他所認識的人的名字。

他的技巧非常簡單，如果他沒有聽清對方的名字，會鄭重地請對方再說一次：「抱歉，我沒有聽清楚您的姓名。」如果碰到不尋常的名字，他會特地詢問：「怎麼寫才對？」

在談話當中，他會把對方的名字重複說幾次，試著在心中把它跟對方的特徵、表情和容貌聯繫在一起。如果對方是重要人物，拿破崙三世會更加用心。等到身邊沒人時，他會把這個剛認識的人的名字寫在紙上，仔細看看，聚精會神地深深記下，然後把紙撕掉。如此一來，他對那個名字就不只是耳朵的印象，還有眼睛的印象。

記住別人的名字並運用它，並不是重要人物或公司經理的特權，這件事對每個人都很重要。每個人的名字裡都包含著奇跡，因為名字完全屬於與我們來往的這個人，沒有其他人能夠取代。名字能使人出眾，能使人在眾人之中顯得獨立。

當我們要傳遞資訊給他人時，如果記得多稱呼對方的名字，能使這件事的重要性倍增。與別人往來時，名字能顯示出神奇的作用。因此，如果你希望獲得別人的喜愛，請記住這條規則：**每個人的名字，對他來說，都是任何語言中最甜蜜、最重要的聲音。**

溝通小秘訣

1. 社交技巧要融入真實情感和穩定性格之中，才能在社交中充分應用與表現，獲得最佳的人際關係和社交效果。
2. 幽默是人際往來的潤滑劑，也是高EQ的表現，它可以使人笑著面對矛盾，輕鬆釋放尷尬。
3. 寬容能包容人世間的喜怒哀樂，也能使人踏上光明磊落的坦途。只有寬容，才能癒合不愉快的創傷，並消除緊繃的情緒。
4. 給予和接受當中所懷的意願最為重要，應該同時為給予者和接受者創造出快樂。
5. 每天早晨站在鏡子前面練習微笑，你會發現自己漸漸地能夠傳達情緒，並且影響他人，建立友好的關係。
6. 讚美是學習別人優點的過程，有助於與人交流時的和諧溝通，更有利於培養寬廣的心胸氣度。
7. 如果你希望獲得更多的鼓勵，就要先主動鼓勵別人，藉此形成鼓勵的連鎖，創造充滿鼓勵的良好氛圍。

8. 善於順應他人的情緒，或使別人順應你的步調，將使人際關係互動更加順暢。

9. 面對憤怒的人，最有效的方式可能是轉移他的注意力，對他的感受表現出無比的同情心，進而引導他產生較愉悅的感受。

10. 每個人的名字，對他來說，都是任何語言中最甜蜜、最重要的聲音。

NOTE

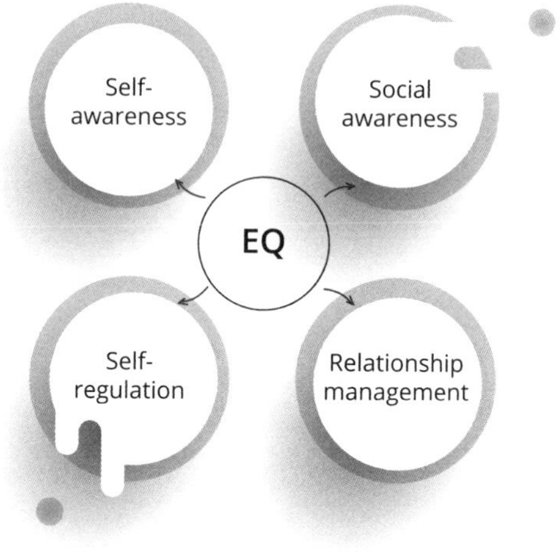
Self-
awareness
Social
awareness
EQ
Self-
regulation
Relationship
management

04

一流的溝通高手，絕不會遺漏細節！

EQ 已在各個領域獲得充分應用，並取得巨大的成果。

你想提升自己的 EQ 嗎？

那麼，就從細節開始修煉吧。

一流的溝通高手，都是發自內心善待每一個人！

注重細節的EQ，能為你營造融洽的人際關係，使你獲得意想不到的回報。

某個雨天，一位老太太走進匹茲堡的一家百貨公司。她在櫃檯前徘徊許久，顯然不打算買任何東西。大多數店員只是看她一眼，還是忙著自己的事。

一位年輕的店員看到她後，立即主動地打招呼，並很有禮貌地問她是否需要服務。老太太表示她只是進來避避雨，並不打算買任何東西，不過年輕人仍微笑著說：「即使不買任何東西，您仍然受到歡迎。」

他不僅主動地和老太太聊天，並且當她要離開店時，還熱心地為她撐開雨傘。這麼普通的一件事，年輕人幾乎把它忘記了，直到有一天被老闆叫到辦公室。

老闆拿出一封信，正是那位老太太寫的。她要求這家公司派一名店員到蘇格蘭，代表公司接下一所豪華辦公大樓的建築裝潢業務。

在信中，她還特別指定這項資金龐大的工作要由這位店員代表公司來負責。原來，老太太是一家著名跨國公司總裁的夫人。原因很簡單，這位店員給老太太留下深刻的印象，老太太看重的就是他注重細節的ＥＱ。

注重細節的ＥＱ能帶來良好的人際關係，良好的人際關係又能帶來良好的信譽和巨大的經濟效益。你只要在細節上多加修煉，ＥＱ便能營造融洽的人際關係，使你獲得意想不到的回報。

ＥＱ是情緒管理方面的智力，是一個人的綜合素質。即使再細微的行為，也可以反映出一個人ＥＱ的高低，大至商業談判合作，小至朋友間的閒聊，都能從中窺探出當事人的內心。

所以，想要完善自己的行為，必須從頭腦開始打造自己。**打造高ＥＱ的過程，就是透過反覆的實踐來領悟，讓思想逐漸感化自我的過程。**

培養行為習慣也是重塑自我的過程，也就是說，人們在修整每一個細微行為，或是培養某一個習慣時，同時也在調整個人整體ＥＱ、心態以及觀念。因此ＥＱ修煉時，應從細節處著眼。

一流的溝通技巧，是從嘗試思考生活中的小事開始！

自我科學學習班的主題是個人在人際關係互動中產生的感受。要探究這個主題，老師和家長都必須專注在孩子的情感生活上，這正是絕大多數學校和家長長期忽略的課題。

十五名小學五年級的學生圍成一圈盤坐在地上。上課前，老師開始點名，喊到學生的名字時，不是傳統式地回答一聲「到」，而是報分數來表達他當天的心情。一分表示心情低落，十分表示情緒激昂。

看來這一天大家的心情都很不錯。

「傑西。」

「十分：因為是週末，我心情很好。」

「崔克。」

「九分：有點興奮，還有點緊張。」

「尼可。」

「十分：我覺得很快樂。」

這是紐沃學習中心自我科學學習班的上課情況，這個學習班的主題是個人在人際關係互動中產生的感受。要探究這個主題，老師和家長都必須專注在孩子的情感生活上，這正是絕大多數學校和家長長期忽略的課題。

學習班以孩子在生活中遇到的實際問題為題材，從被排擠的痛苦或嫉妒，到可能引發打鬥的紛爭等，都是上課時討論的主題。該校的主任兼課程設計者指出，孩子的學習行為與他們的感受息息相關。EQ對學習效果的影響，絕不亞於數學或是閱讀等方面的引導。

乍看之下，情緒教育課程的內容平淡無奇，似乎對解決多而繁雜的青少年問題沒什麼幫助。但這其實正是教育的本質，家庭教育也必須長時間、經常性地向孩子灌輸這些平凡卻重要的道理。

情緒教育的根本價值在於：讓孩子在學習中不斷地累積經驗，直到在腦海中形成明朗的路徑，也就是習慣成自然，如此一來，當面臨威脅、挫折或傷害時，便能做出妥善的反應，並且能將情緒收放自如。這類看似平凡而瑣碎的課程，卻能培養出健全的人格。這正是當今社會最迫切需要的。

學習班的同學並不是每天情緒都很高昂，有時候報出的分數只有一到二分，這時往往會有人關切地詢問他們。被詢問者當然有不回答的自由，但如果他們願意分享心事，大家便有機會討論解決問題的方法。

各年級的困擾略有不同，低年級的普遍煩惱包括對環境的恐懼、受到嘲弄或排擠，五六年級又有另外的煩惱，諸如乏人追求、受到排擠、朋友太幼稚，甚至是受同儕慫恿去抽菸，或做出其他不良行為等。

這些看似微不足道的小事，對孩子而言卻是天大的問題。有些孩子會和朋友私下討論，但許多孩子無人能傾訴這些問題，只能獨自在夜晚輾轉困擾。在學習班上，這些想說又無處可訴的事都可以成為當日的話題。

他們的教學內容非常豐富，包括增強自我意識；認識各種情緒及表達方式；分析思維、感覺與行為的關係；分析在做決定時應根據思維還是感覺等，並且將這些應用於實際生活當中。此外，還教導學生如何認清自己的優缺點，並對自我保持正面而務實的期許。

情緒管理十分重要，也就是瞭解情緒背後的真正因素（例如：憤怒可能是因為覺得受到傷害），學習如何紓緩焦慮、憤怒、悲傷等負面情緒。此外，也要學習為自己的行為與決定負責，落實對自己或對別人的承諾。

另外，人際關係也是教學重點，其中同理心是相當重要的社會能力，也就是要瞭解並尊重別人的感受與觀點。學生們在課堂上學習傾聽與發問的技巧，注意別人的言行與自己的反應及判斷有多少落差，學習不卑不亢的態度，以及如何與人合作，還有協調並解決衝突的藝術等。

自我科學學習班不計分，人生的歷程就是期末考試。當學生將要離開學校時，會有一次口試，問些類似以下的問題：「假設你的朋友常被人作弄，或受到大家的排擠，你如何協助他解決問題？」、「試舉出紓解壓力、憤怒或恐懼的方式。」

情緒教育還可以融入學校生活中。譬如說一年級的語文課會讀到一則〈青蛙與蟾蜍〉的故事，描述青蛙急於和正在鐵道下睡覺的蟾蜍朋友玩，想要製造惡作劇使牠早點醒來。

同學以此為素材，討論友誼及被作弄的感受，進而擴大討論其他相關的問題，例如自我意識、關心朋友的需求、被作弄的滋味、如何與朋友分享心事等。年級越高，設計的故事愈複雜，討論的問題也越深入，其內容則包括同情心、嘗試站在別人的觀點、關懷別人等。

另外，還有一個方法可將情緒教育融入學校生活，就是要求孩子對違紀同學的處罰方式提供意見。專家認為，這不但有助於提高孩子克制衝動、表達感受與解決衝突的能力，也可讓孩子瞭解，除了懲罰以外還有更好的管教方式。

舉例來說，當老師看到三個一年級學生爭先恐後要進興趣小組，便建議他們猜拳決定先後。

這時，學生可立即學到的教訓是：類似的芝麻小事，可以用公平客觀的方式來解決。更深刻的啟示是：任何紛爭都能透過協調的方式來解決。

互不相讓的爭執是低年級學生中常見的現象，甚至是有些人終身難改的惡習。孩子如果能從小接受正確的觀念，肯定受益匪淺。比起一句命令式的「不准爭吵」，這樣的教育方式顯然更有意義。

在美國，情緒教育雖然仍存在很多的問題，但其效果十分明顯。一位學生與母親關係極為緊張，與母親交談時總是惡言相向。後來，她學會平心靜氣與三思而後行的道理，母親表示現在她們終於可以像一般母女般知心地談話。

在紐哈芬的一所學校，某七年級社會發展班的情況也令人印象深刻。一位老師讓同學自願敘述最近發生的一件和平收場的事。

一位十三歲的女孩主動舉手：「有個女同學和我本來關係很好，突然說她要跟我吵架，還說放學後在某個角落等我。」但她並沒有憤怒地打算硬碰硬，而是嘗試班上教的方式：下結論以前先查明真相。

她說：「我直接去找那位女同學，問她為什麼要說那些話。她說她根本沒有講過那些話，所以我們又和好如初了。」

這種情緒教育班的影響成果，可以從該校的統計數字獲得印證。該校規定，學生打架將勒令休學，絕不寬容，但自從開辦情緒教育班以來，遭到勒令休學的人數已穩定下降。

其中更值得注意的是，許多學生的學業成績也得到改善。實際上，有許多孩子由於不善於疏導情緒、難以克制衝動，於是對自己的學業不負責任、漠不關心，更無法專心。在情緒管理的能力獲得改善後，學生的教育品質便自然提高。

這類課程對孩子的人生具有整體的幫助。將來，無論他們是扮演朋友、學生、子女、配偶、員工、老闆、父母、市民等各種角色，都將更為稱職。

一流的創造能力，也需要良好的自我管理及人際溝通能力！

EQ不僅能營造良好的創造心境，而且還能為科學家提供和諧的人際環境，甚至直接為創造提供具體條件。

創造需要具備良好的心境，有利於產生創造，這在創造學（註：研究創造發明與創新的心理、方法和規律的學科）中稱為「創造心境」。營造創造心境是高EQ的重要標誌。創造心境是進入創造者角色時的一種自我心理體驗，是一種生氣勃勃、積極進取的精神狀態，具有主客觀交融的和諧之美。

創造心境包括動機的產生和創造的需求。創造衝動是基於對創造活動的嚮往，而產生的一股躍躍欲試、不可遏制的熱情，但它只是個短暫的過程，這種熱情必須轉化為創造心境才能持續創造過程，並實現創造的目的。

長期處於創造心境中有利於創造活動，而具有長期維持創造心境的能力，是EQ高的表現，因為維持創造心境，必須不斷地克服包括焦慮、畏懼等負面情緒。EQ不僅能營造良好的創造心境，而且能為創造者提供和諧的人際環境，甚至直接提供具體的條件。

現代社會中，人際往來在研究中的作用也越來越重要，創造變得更具合作性，這在自然科學研究方面表現得尤為明顯。

許多科學成果的產生過程中，會由團隊成員集思廣益，由不同人分別篩選出前提條件，反覆試驗過後終於得出結論。情緒智力包括妥善處理人際關係的能力，因此高EQ者在以合作團隊合作的創造環境中，具有更大的優勢。

也就是說，具有創造能力的人，若能與其他具有創造能力的人互相幫助，將更容易獲得成功。在這樣的環境中，他能夠與其他人，甚至是競爭對手相得益彰。研究表明，具有合作協調能力、能與其他科學創造者合作的科學家，與性格孤立的人相比，將擁有更長的創造生涯和更豐碩的創造成果。

美國心理學家米哈里．契克森提出「神馳狀態（flow，又稱心流）」這個概念，表示個人將精神力完全投注在某種活動上的感受。這是創造者最佳工作狀態的體驗，代表處於情緒的最佳狀態，擁有完美的創造心境。此時，創造者達到駕馭情感的最高境界，因此最容易進入創造性的活動。

當人們處於神馳狀態下，可能會出現以下四個特徵：

◇自動運轉：做事格外順手不需多加思考，身體自動發揮。

◇時間流逝：感覺時間過得特別快。

◇不覺他物：全神貫注於手邊事物，導致不易察覺到外界的刺激，甚至是身體的自然反應，例如飢餓、手機震動等。

◇感到愉悅：完成後，感受到愉悅、滿足、成就感等正向情緒。

一位作曲家描述他思如泉湧時的情形：「我如醉如癡，似乎自我不復存在。我曾有過多次這樣的體驗，好像手已不屬於自己，揮灑自如。我坐在那裡，目送手揮，意到筆隨，曲譜一蹴而就。」這就是進入情緒巔峰狀態的寫照。

在神馳狀態下，情感不是自我克制，也不是規行矩步，而是意氣風發，積極進取，在這樣的情況下，處理眼前的工作更是得心應手。

神馳狀態是一種愉快至極的體驗，我們在這種情形下將心無旁騖、專心致志，藉此達到更高的創造境界。神馳狀態也是一種忘我的境界，此時任何消極的情緒都不復存在，令人拋開一切瑣事，對任何變化都應付自如。在這樣的情況下，自身的潛力便能發揮得淋漓盡致。

神馳狀態要求注意力高度集中，自制冷靜，如此一來，人便能沉浸在創造的遐思中，不僅從創造活動中獲得極高的滿足，並能持續產生創造的動力，達到創造的目的。

一流的情緒智力，有助於在職場做好上下溝通管理！

對於管理者和員工來說，運用EQ進行有效的溝通，將有助於工作的協調和同步，發揮積極的團隊效應。

不要因為你是主管

一位經理經常發火，他也知道亂發脾氣不好，希望能控制發怒的情緒，但卻難以做到，於是去看心理醫生。

醫生問：「你平常會對誰發火？你敢對市長發火嗎？」他說不敢。醫生又問：

「你敢對頂頭上司發火嗎？」他說也不敢。於是醫生問：「那你平常都對誰發火？」

經理表示自己通常是對部屬發火。

對此，醫生的解析是：其實這位經理的自制力相當強，能發火時才發火，不能發火時就不發火。他不會對市長和上級發火，這是因為他對這些人抱持畏懼心理，即使他當下內心怒氣騰騰，一樣會竭力控制。

對於部屬，他內心懷有優越感，這種心理使他唯我獨尊，當對部屬產生不滿情緒時，他不會顧忌和克制，放任怒火迸發。

這種現象並不樂觀。在與部屬相處時，領導者必須要控制好自己的情緒，慎防任意發怒。如果經常對部屬發怒，最後將失去權威，導致上下級之間的關係緊繃。

英特爾創辦人安迪．葛洛夫曾在《葛洛夫給你的一對一指導》一書中提及：「主管的個性如果陰晴不定、喜怒無常，將讓部屬成天緊張兮兮，只做會讓主管高興的事，有想法也不敢提出來，自然也不願意為公司盡力。」

有時候可以適度地對自己比較親近的部屬發怒，因為這能夠促進他對你的瞭解，並且不至於破壞與部屬的感情。發怒時，不要把事情做絕，留有可以挽回的餘地，並注意事後一定要有所補救。

管理者用親切的態度來對待部屬，往往能夠取得成功。索尼共同創辦人盛田昭夫曾經總結索尼取得成功的經驗，其中最重要的因素就是力求和員工親近。

在索尼從公司總裁到一般員工，一律穿同樣的工作服，在同樣的餐廳用餐，以示在公司內沒有等級觀念。公司也經常舉行各種戶外活動，以增進相互之間的瞭解。為了培植「索尼家庭觀念」，盛田昭夫主張把每位員工都當成自己人，而不是出錢買來的勞動力。

人往往因為自覺優於別人而驕傲自大，看不起卑微者。事實上，每個人在人格上都是平等的。主管如果藐視比自己地位低的人，絕對無法得到部屬的尊重。很多成功的主管都會善待部屬，因為他們擁有高EQ，善於運用人際溝通的能力，自然也會得到部屬的尊重。

十六世紀，神聖羅馬帝國皇帝查理五世在隨從的簇擁下，來到大畫家提香的畫室時，提香的畫筆突然脫手落地，查理五世竟彎腰拾起畫筆，遞到提香手裡，並笑著說：「世界上最偉大的皇帝，給最偉大的畫家拾起一支筆。」

無疑地，查理五世相當善於利用EQ來製造影響力。首先他使提香感到備受尊重，同時讚美他是最偉大的畫家，不僅為自己創造平易近人、善待臣民的形象，也樹立了威望。

如何與部屬進行有效溝通

對主管而言，與部屬進行溝通至關重要。主管要做出決策，必須先從部屬手中得到相關的資訊，這唯有透過與部屬溝通才能達成。

與此同時，決策要得到實施，也要與員工進行溝通。無論再好的想法、再有創見的決議、再完善的計畫，若是缺乏與員工的溝通，都是無法實現的空中樓閣。

溝通的目的在於傳遞資訊。如果資訊沒有傳遞給每一位員工，或者員工無法正確地理解管理者的意圖，代表溝通出現障礙。

那麼，主管要如何與部屬進行有效的溝通呢？部屬誤解主管的意圖，是溝通的最大障礙。為了減少這種問題的發生，主管可以要求部屬在溝通時做出回饋。例如，主管交代一項任務後，可以接著詢問部屬是否已經瞭解任務，同時要求對方把任務複述一遍。

如果複述的內容與主管的意圖相符，代表溝通有效；若是部屬的理解有誤，則要及時地進行糾正。或者，主管可以透過觀察對方的眼睛或姿態舉動，瞭解他們是否正在接收訊息。

不同的員工往往有不同的年齡、教育和文化背景，可能導致他們對相同的話產生不同的理解。另外，由於專業化分工不斷深化，各部門員工都有不同的行話和技術用語。主管往往注意不到這種差別，以為自己說的話都能被其他人恰當地理解，如此一來也會對溝通造成障礙。

語言可能會造成溝通障礙，因此主管應該選擇員工易於理解的詞彙，使表達的資訊更加清楚明確。

在傳達重要資訊時，為了消除語言障礙帶來的負面影響，可以先嘗試把資訊告訴不熟悉相關內容的人。例如，在正式分配任務之前，讓有可能會產生誤解的部屬先閱讀書面文件（事先擬好的說話稿等），並對他們不明白的地方作出解答。

當別人說話時，人們常常只是被動地在聽，而沒有主動地搜尋和理解訊息。**溝通是雙向的行為，要使溝通有效，雙方都應當積極投入交流**。當部屬發表自己的見解時，主管必須認真而積極地傾聽。

積極的傾聽代表主管應該把自己置於部屬的角度，以便正確理解對方的意圖，而不是自己認為的意思。同時，傾聽時要客觀地聽取部屬的發言，最好不過早作出判斷。

當主管聽到部屬的發言與自己觀點不同時，先不要急於表達自己的意見。因為這樣會打斷部屬的思路，讓你漏掉尚未表達出的資訊。積極的傾聽應當是先接收他人所言，而把自己的意見推遲到說話者表達完畢之後。

在傾聽他人的發言時，主管還要記得透過肢體語言來表示對對方的關注，例如：讚許性的點頭、恰當的面部表情、積極的目光配合等。

不要一直看表、翻閱文件，或是拿著筆亂畫亂寫。如果部屬認為你對他的話很關注，就會樂意向你提供更多的資訊，否則他即使知道更多的資訊，也可能怠於向你彙報。

研究表明，在面對面的溝通當中，一半以上的資訊不是透過口語詞彙來傳達，而是藉由肢體語言。**要使溝通富有成效，主管必須注意自己的肢體語言與表達出的話語是否一致。**

例如，主管告訴部屬自己想知道他們在執行任務中遇到哪些困難，並願意提供幫助，但同時主管又在瀏覽別的東西，這便是「言行不一」的表現。如此一來，部屬會懷疑你是否真的想幫助他。

在接受資訊時，接收者的情緒會影響到他們對資訊的理解。情緒能打亂人們客觀理性的思維活動，甚至可能導致情緒化的判斷。主管在與部屬進行溝通時，應該盡量保持理性。如果情緒出現失控，則應當暫停溝通，直到恢復平靜為止。

交談（口頭溝通）是人與人之間最常用的溝通方法，優點是快速傳遞和快速回饋。這種方式可以在最短的時間內傳遞資訊，並且得到對方的回饋。

但是，當資訊需經過多人傳遞時，便突顯出口頭溝通的缺點。在此過程中捲入的人越多，資訊失真的可能性就越大。因此，主管在與部屬進行口頭溝通時，應盡量減少溝通的層級。

如果每個人都以自己的方式理解資訊，在經過層層傳遞後，資訊內容往往與剛開始的內容大相徑庭。所以，越是高層的管理者，越要留意與員工進行直接溝通。

■上對下的方式

這是部屬最不願意聽到的話：

「這事全被你搞砸了，難道你就不會用腦再好好想想？」

「全世界最傻的人也不會這樣做事。」

「算了，我看你別再做了，我另找他人，免得誤事。」

這些話聽來多麼令人心碎！這類批評中帶有人身攻擊的性質，以及輕蔑、諷刺與厭惡的語氣，給部屬帶來毀滅性的感受，將引發對方產生自我防衛、敵意、憤怒、冷戰與逃避責任的情緒。

從EQ的角度來看，批評者這種全然不顧部屬感受、以偏概全直接否定對方的定論，不僅不利於問題的解決，而且會影響到部屬的情緒，嚴重打擊他們的工作動力和信心。

批評時若是帶有人身攻擊，將會導致批評失去原先的意義，反而會讓被批評者掩飾錯誤，或是努力尋找理由來證明他的言行並沒有錯。

批評其實具有一定的危險性，因為它可能傷及對方的自尊心，並引發憤恨情緒。曾有一位心理學家透過實際的調查，發現受過攻擊性批評的部屬多半會自我防衛，找藉口來逃避責任或是冷戰，避免與主管有任何接觸。

當部屬有這類反應時，往往會導致主管的惡感。如此惡性循環，最終可能以部屬辭職或被開除等後果收場。然而，建設性的批評卻能獲得截然不同的效果。

心理學家在倫斯勒理工學院做過這樣一項實驗：讓受測者設計新型洗髮精廣告，由其他人加以批評。試驗分兩組進行，研究人員讓批評者給予兩種批評：一種是溫和、具體且帶有建設性，另一種則帶威脅且專挑設計者的缺陷。

結果可想而知，受到攻擊式批評的受測者會感到憤怒、充滿敵意，而且拒絕與批評者繼續進行任何的合作，很多人甚至不想與批評者再進行接觸。此外，受到這種批評的受測者士氣往往遭到嚴重挫傷，不但不願再努力，而且自信心嚴重受損，自我評價下降。

另一組受測者在遭受批評後，自信心與士氣不但絲毫未損，反而熱情高漲。他們樂意與批評者進行合作，彼此之間建立信任與理解的關係。

因此，對團體內部而言，批評是有必要的。它可以幫助修正錯誤，並協助團隊步調一致地完成任務。但想做到這一點，必須掌握批評的技巧，這也是對管理人員EQ的挑戰。

對於如何使批評富有成效，心理學家提出以下幾個原則。

1. 批評要私下面對面傳達。

批評的目的是獲得良好的改善，而不是使對方退縮。即使批評的動機完全正確，也不能忽略採取正確的傳達方式。

不論指責如何正確無誤，只要有第三者在場，便容易招致對方的怨恨，因為這時受批評者會覺得自尊心受損，顏面盡失。書面或其他遠距離方式的批評，不但不夠直接，而且容易讓對方難以進行回答與澄清。

2. 在進行批評前，先要肯定對方的成績。

肯定、讚揚對方能製造良好的氣氛，並使對方情緒安穩、平靜下來，知道自己並沒有受到攻擊。

相反地，若把部屬招來，一開始便劈頭蓋臉地訓斥，部屬便會很自然地產生反射性的防衛，藉以保護自己的內心。一旦對方產生這種防衛心理，即使批評得再正確，也很難被接受。

3. 批評要具體、有針對性、就事論事。

如果只告訴對方你做得不好，而不說明錯在哪裡，往往收效甚微，因為使一個人承認自己錯誤絕不是件容易的事，這種結論式的批評更無法使他服氣。所以，在提出批評時，切記要言之有物、言之有理，絕對不要拐彎抹角，甚至指桑罵槐。

4. 提出解決方案。

在指出對方錯誤的同時，應該提出正確的解決方法，因為批評的目的並不只是指出對方的錯誤，而是要對方改正錯誤，避免再犯。

許多部屬最大的不滿是：「我不知道該怎麼做才好，主管總是不滿意。他怎麼不乾脆直接告訴我們怎麼做？」

當主管總是不能提出解決方式時，容易使部屬逐漸感到不服氣。這種不平會在內心慢慢累積醞釀，直到有一天突然爆發，甚至造成惡性衝突，變得難以收拾。因此，在工作中出現問題時，若能指出正確的解決方案，讓員工有所遵循，改正錯誤，企業一定會有光明的前景。

5. 不能用命令的方式要求員工怎麼做。

用命令的口吻對部屬下達指示，容易使員工產生不平等的壓迫感，導致失去人心。運用拜託、請求的方式，可以使員工自覺成為團體的一員。這種參與意識和團隊精神所產生的合作精神，比強制性的命令更為有效。

「我是老闆，你就按我說的去做。」

「我們的目標都一樣，倘若大家能這樣做，我相信一定能達到目標。」

兩種不同的說法，給人帶來的感受將截然不同。與其單純地命令對方怎麼做，不如讓對方產生動機來修正做法，這樣會更為有效。

6. 對於部屬所犯的某個錯誤，只需提醒一次。

第二次的批評是沒有必要的，第三次便是囉唆。批評的目的不是為了戰勝部屬的自我，而是為了讓部屬更妥善地完成任務。有時管理者批評部屬，會習慣把以前的舊帳翻出來，如此喋喋不休不僅愚蠢，而且於事無補。

7. 批評結束，最後要鼓勵。

「好了，你可以走了」，這往往是一頓訓斥的結語，但這樣真的就「好了」嗎？如果改為「我想你一定已經明白我的意思，好好努力」，不是更妥當嗎？

管理者有時必須嚴厲，甚至要對人進行批評；有時應體貼，不時地稱讚部屬幾句，關鍵是讚美或批評都要適當，要有個合適的頻率。這樣的管理者才能夠激勵員工的情緒、鼓舞士氣，進而提高工作效率，圓滿地完成工作任務。

■成功地管理主管

如果你讓主管覺得，什麼事都是你說得對，他在工作上離不開你，那麼你和主管的關係將不可能融洽，因為主管會感覺失去尊嚴，導致喪失安全感。長此以往，你必遭「殺身之禍」。

此時，唯有高EQ者才能改變這種局面，他能適度地藏拙，例如有控制地犯一些低級錯誤，同時讓主管感覺到，你之所以優秀是因為他的存在。

受到別人批評是一件傷自尊的事，明明本身很有能力，卻刻意佯裝表現得不夠好，讓別人批評你，這豈不是找苦吃？這種事只有具備高EQ的人才做得到。

在第二次世界大戰期間，史達林在軍事上最倚重兩個人，一位是軍事天才朱可夫，另一位則是蘇軍大本營的總參謀長華西列夫斯基。

史達林在晚年逐漸變得獨裁，唯我獨尊的個性使他不允許有人比他高明，更難以接受部屬的不同意見。在第二次世界大戰期間，史達林這種過度的自尊曾使蘇聯紅軍大吃苦頭，遭到不可估量的損失和重創。就連提出正確建議的朱可夫，也被史達林一怒之下趕出蘇軍大本營。

相對地，華西列夫斯基卻往往能使史達林不知不覺中採納自己的作戰計畫，發揮巨大的作用。他的進言妙招之一，便是潛移默化地在休息時間施加影響。

華西列夫斯基經常在史達林的辦公室內與他閒聊，並且假裝不經意地隨便說說軍事問題，提出自己的觀點。此時，他不會使用鄭重其事的態度，也不會刻意有條有理地說明自己的想法。

在受到華西列夫斯基的有意啟發後，史達林往往會順著他的思路想出好計畫，沒過多久就會在軍事會議上宣佈。

華西列夫斯基在與史達林交談時，有時會有意識地犯一些錯誤，給史達林充分的機會來糾正自己的錯誤，表現其英明，然後把自己最有價值的想法含混地講給史達林聽，讓他統整成完整的戰略計畫並公開發表。當時，史達林的許多重要決策都是這樣產生的。

華西列夫斯基就是靠與主管之間的隨意交流，逐步啟發對方，使自己的種種想法得以實現，甚至還讓史達林本人認為這些好主意是他自己想出來。

就這樣，華西列夫斯基使自己成為史達林不可或缺的助手，發揮無可替代的巨大影響力，他的手段確實非常高明。

華西列夫斯基成功地管理好他的上級史達林，因為他能夠運用技巧，讓史達林主動實施他想做的事，同時又保全自己，巧妙地避免遭受猜忌，能夠繼續施展能力，做想做的事。

成功管理主管的標準，就是看你是否能和主管形成魚水之情。魚因水而存活，水因魚而顯得有靈氣。當自己是水時，不要認為魚離不開你而居功自傲；當你是魚時，不要覺得水必須有自己的存在才能顯出靈氣。

達到這個境界，就能做到策動主管，有效地完成自己想做的事。

在管理主管的過程中，還應該注意以下幾點。

◇說話做事要注意分寸，既要幫助主管解決困擾，也要注意不要使主管對你產生信任危機。

◇不要隨便揭露主管的秘密。

◇絕不混淆上下級之間的界限。

◇主管永遠是你的上級，即使他表現得像你的朋友，也要在不同的場合遵守適當的規則。

溝通小秘訣

1. 注重細節的EQ能帶來良好的人際關係，帶來良好的信譽和巨大的經濟效益。
2. 情緒教育的根本價值，是在學習中累積經驗，當面臨威脅、挫折或傷害時，便能做出妥善的反應，並且能將情緒收放自如。
3. 維持創造心境，必須不斷地克服包括焦慮、畏懼等負面情緒。EQ不僅能營造良好的創造心境，並為創造者提供和諧的人際環境，甚至直接提供具體的條件。
4. 語言可能會造成溝通障礙，因此主管應該選擇員工易於理解的詞彙，使表達的資訊更加清楚明確。
5. 管理者必須適時對部屬進行讚美或批評，藉以激勵情緒、鼓舞士氣，進而提高工作效率，圓滿地完成工作任務。
6. 學會管理主管，就能做到策動主管，有效地完成自己想做的事。

NOTE

NOTE

國家圖書館出版品預行編目（CIP）資料

精準溝通：哈佛高材生必讀的 4 堂人際成功學！／譚春虹著 --
新北市：大樂文化，2019.05
224 面；14.8×21 公分. --（UB；44）

ISBN 978-957-8710-21-4（平裝）

1. 情緒商數　2. 人際關係

176.5　　108006353

UB 044

精準溝通

哈佛高材生必讀的 4 堂人際成功學！

作　　者／譚春虹
封面設計／蕭壽佳
內頁排版／思　思
責任編輯／林映華
主　　編／皮海屏
發行專員／劉怡安、王薇捷
會計經理／陳碧蘭
發行經理／高世權、呂和儒
總編輯、總經理／蔡連壽

出 版 者／大樂文化有限公司
地址：新北市板橋區文化路一段 268 號 18 樓之1
電話：（02）2258-3656
傳真：（02）2258-3660
詢問購書相關資訊請洽：2258-3656
郵政劃撥帳號／50211045　戶名／大樂文化有限公司

香港發行／豐達出版發行有限公司
地址：香港柴灣永泰道 70 號柴灣工業城 2 期 1805 室
電話：852-2172 6513　傳真：852-2172 4355

法律顧問／第一國際法律事務所余淑杏律師
印　　刷／科億印刷股份有限公司

出版日期／2019 年 5 月 20 日
定　　價／260 元（缺頁或損毀的書，請寄回更換）
I S B N　978-957-8710-21-4